编委会

高等学校"十四五"规划酒店管理与数字化运营专业新形态系列教材

总主编

周春林　南京旅游职业学院党委书记，教授

编委（排名不分先后）

臧其林　苏州旅游与财经高等职业技术学校党委书记、校长，教授
叶凌波　南京旅游职业学院校长
姜玉鹏　青岛酒店管理职业技术学院校长
李　丽　广东工程职业技术学院党委副书记、校长，教授
陈增红　山东旅游职业学院副校长，教授
符继红　云南旅游职业学院副校长，教授
屠瑞旭　南宁职业技术学院健康与旅游学院党委书记、院长，副教授
马　磊　河北旅游职业学院酒店管理学院院长，副教授
王培来　上海旅游高等专科学校酒店与烹饪学院院长，教授
王姣蓉　武汉商贸职业学院现代管理技术学院院长，教授
卢静怡　浙江旅游职业学院酒店管理学院院长，教授
刘翠萍　黑龙江旅游职业技术学院酒店管理学院院长，副教授
苏　炜　南京旅游职业学院酒店管理学院院长，副教授
唐凡茗　桂林旅游学院酒店管理学院院长，教授
石　强　深圳职业技术学院管理学院院长，教授
李　智　四川旅游学院希尔顿酒店管理学院副院长，教授
匡家庆　南京旅游职业学院酒店管理学院教授
伍剑琴　广东轻工职业技术学院酒店管理学院教授
刘晓杰　广州番禺职业技术学院旅游商务学院教授
张建庆　宁波城市职业技术学院旅游学院教授
黄　昕　广东海洋大学数字旅游研究中心副主任/问途信息技术有限公司创始人
汪京强　华侨大学旅游实验中心主任，博士，正高级实验师
王光健　青岛酒店管理职业技术学院酒店管理学院副院长，副教授
方　垄　南宁职业技术学院健康与旅游学院酒店管理与数字化运营专业带头人，副教授
邢宁宁　漳州职业技术学院酒店管理与数字化运营专业主任，专业带头人
曹小芹　南京旅游职业学院旅游外语学院旅游英语教研室主任，副教授
钟毓华　武汉职业技术学院旅游与航空服务学院副教授
郭红芳　湖南外贸职业学院旅游学院副教授
彭维捷　长沙商贸旅游职业技术学院湘旅学院副教授
邓逸伦　湖南师范大学旅游学院教师
沈蓓芬　宁波城市职业技术学院旅游学院教师
支海成　南京御冠酒店总经理，副教授
杨艳勇　北京贵都大酒店总经理
赵莉敏　北京和泰智研管理咨询有限公司总经理
刘懿纬　长沙菲尔德信息科技有限公司总经理

高等学校"十四五"规划酒店管理
与数字化运营专业新形态系列教材

总主编 ◎ 周春林

酒店数字化营销

主　编　汪京强　黄　昕
副主编　邢宁宁　李卓君
　　　　陈雪明　吕　静

JIUDIAN
SHUZIHUA
YINGXIAO

华中科技大学出版社
http://press.hust.edu.cn
中国·武汉

内 容 提 要

这是国内酒店管理与数字化运营专业的第一本《酒店数字化营销》教材。酒店数字化运营与管理的理论、方法和技术是本教材的主要内容。本教材具备内容前沿性、技术数字化、理实交融性,以及与行业紧密结合的特点。本教材满足36课时及以上的教学计划。其中,理论部分占40%,实践部分占60%。项目一"酒店市场营销导论"以营销知识为主;项目二"酒店产品和客户"以新的酒店产品为导向;项目三"酒店细分市场"以市场营销理论为主;项目四"酒店营销的模式"以新的社交媒体学习为主;项目五"酒店数字营销的基础技能"以规则学习为主;项目六"酒店营销技术工具应用"以用户深度运营的技术应用为主;项目七"酒店市场推广和销售的方法"以线下线上场景使用的市场推广和销售方法为主;项目八"酒店数字化运营与管理虚拟仿真实训"具备融合性,使用严肃游戏方法、系统实践操作和虚拟仿真技术完成授课任务。本教材适合旅游高职本科、高职和中职的教师参考及学生用书,也适合行业培训人员。

图书在版编目(CIP)数据

酒店数字化营销/汪京强,黄昕主编. —武汉:华中科技大学出版社,2022.8(2025.2重印)
ISBN 978-7-5680-8690-5

Ⅰ.①酒⋯ Ⅱ.①汪⋯ ②黄⋯ Ⅲ.①饭店-数字化-市场营销-教材 Ⅳ.①F719.2-39

中国版本图书馆 CIP 数据核字(2022)第 146440 号

酒店数字化营销
Jiudian Shuzihua Yingxiao

汪京强 黄 昕 主编

策划编辑:	李家乐 王 乾
责任编辑:	李家乐 王梦嫣
封面设计:	原色设计
责任校对:	阮 敏
责任监印:	周治超
出版发行:	华中科技大学出版社(中国•武汉) 电话:(027)81321913
	武汉市东湖新技术开发区华工科技园 邮编:430223
录 排:	华中科技大学惠友文印中心
印 刷:	武汉市籍缘印刷厂
开 本:	787mm×1092mm 1/16
印 张:	14.5
字 数:	338 千字
版 次:	2025 年 2 月第 1 版第 5 次印刷
定 价:	49.90 元

本书若有印装质量问题,请向出版社营销中心调换
全国免费服务热线:400-6679-118 竭诚为您服务
版权所有 侵权必究

总序

2021年,习近平总书记对全国职业教育工作作出重要指示,强调要加快构建现代职业教育体系,培养更多高素质技术技能人才、能工巧匠、大国工匠。同年,教育部对职业教育专业目录进行全面修订,并启动《职业教育专业目录(2021年)》专业简介和专业教学标准的研制工作。

新版专业目录中,高职"酒店管理"专业更名为"酒店管理与数字化运营"专业,更名意味着重大转型。我们必须围绕"数字化运营"的新要求,贯彻党中央、国务院关于加强和改进新形势下大中小学教材建设的意见,落实教育部《职业院校教材管理办法》,联合校社、校企、校校多方力量,依据行业需求和科技发展趋势,根据专业简介和教学标准,梳理酒店管理与数字化运营专业课程,更新课程内容和学习任务,加快立体化、新形态教材开发,服务于数字化、技能型社会建设。

教材体现国家意志和社会主义核心价值观,是解决培养什么样的人、如何培养人以及为谁培养人这一根本问题的重要载体,是教学的基本依据,是培养高质量优秀人才的基本保证。伴随我国高等旅游职业教育的蓬勃发展,教材建设取得了明显成果,教材种类大幅增加,教材质量不断提高,对促进高等旅游职业教育发展起到了积极作用。在2021年首届全国教材建设奖评审中,有400种职业教育与继续教育类教材获奖。其中,旅游大类获一等奖优秀教材3种、二等奖优秀教材11种,高职酒店类获奖教材有3种。当前,酒店职业教育教材同质化、散沙化和内容老化、低水平重复建设现象依然存在,难以适应现代技术、行业发展和教学改革的要求。

在信息化、数字化、智能化叠加的新时代,新形态高职酒店类教材的编写既是一项研究课题,也是一项迫切的现实任务。应根据酒店管理与数字化运营专业人才培养目标准确进行教材定位,按照应用导向、能力导向要求,优化设计教材内容结构,将工学结合、产教融合、科教融合和课程思政等理念融入教材,带入课堂。应面向多元化生源,研究酒店数字化运营的职业特点及人才培养的业务规格,突破传统教材框架,探索高职学生易于接受的学习模式和内容体系,编写体现新时代高职特色的专业教材。

我们清楚,行业中多数酒店数字化运营的应用范围仅限于前台和营销渠道,部分酒店应用了订单管理系统,但大量散落在各个部门的有关顾客和内部营运的信息数据没有得到有效分析,数字化应用呈现碎片化。高校中懂专业的数字化教师队伍和酒店里懂营运的高级技术人才是行业在数字化管理进程中的最大缺位,是推动酒店专业教育数字化转型面临的最大困难,这方面人才的培养是我们努力的方向。

酒店管理与数字化运营专业教材的编写是一项系统工程,涉及"三教"改革的多个层面,需要多领域高水平协同研发。华中科技大学出版社与南京旅游职业学院、广州市问途信息技术有限公司合作,在全国范围内精心组织编审、编写团队,线下召开酒店管理与数字化运营专业新形态系列教材编写研讨会,线上反复商讨每部教材的框架体例和项目内容,充分听取主编、参编老师和业界专家的意见,在此特向这些参与研讨、提供资料、推荐主编和承担编写任务的各位同仁表示衷心的感谢。

该系列教材力求体现现代酒店职业教育特点和"三教"改革的成果,突出酒店职业特色与数字化运营特点,遵循技术技能人才成长规律,坚持知识传授与技术技能培养并重,强化学生职业素养养成和专业技术积累,将专业精神、职业精神和工匠精神融入教材内容。

期待这套凝聚全国旅游院校多位优秀教师和行业精英智慧的教材,能够在培养我国酒店高素质、复合型技术技能人才方面发挥应有的作用,能够为酒店管理与数字化运营专业新形态系列教材协同建设和推广应用探出新路子。

全国旅游职业教育教学指导委员会副主任委员

南京旅游职业学院党委书记、教授　周春林

2022 年 3 月 28 日

前言

2021年教育部将酒店管理专业更名为酒店管理与数字化运营专业。"酒店数字化营销"成为新标准下的核心课程。围绕新标准的制定,新教材的编写工作变得特别重要。接到《酒店数字化营销》教材编写任务的时候,编写团队感觉挑战特别大。第一,这本教材是基于酒店管理与数字化运营专业新国家教学标准的第一本酒店数字化营销教材;第二,这本教材由资深的行业专家和高校教师一起承担编写任务,是一次深度的校企合作,观点和视角难免会有碰撞和不同,在编写过程中需要不断协调;第三,"酒店数字化营销"是酒店管理专业数字化升级比较具有代表性的课程,这本教材一方面需要将新知识、新技术、新流程、新规范纳入其中;另一方面,需要确保使用本教材的教师能从传统市场营销内容的教学思维,顺利衔接到融合传统与数字化内容的新教学的设计和方法中。

针对上述挑战,本教材的编写团队成员经过了精心的挑选,包括在高校从事酒店数字营销实践教学和虚拟仿真教学的资深教师、多年在高校从事酒店数字营销相关课程教学的教师、在酒店业从事营销技术研发和数字营销实践的专家、在酒店业具有数十年实战实验的经营管理专家。多元化的背景使得本教材具有较为全面和丰富的内容,并充分考虑了院校教学的需求。

本教材具有以下四方面的特点:

1. 对接新知识、新方法和新流程,构建酒店数字营销整体架构

本教材内容包括市场营销和数字营销的最新理念、酒店产品和细分市场的全新解读、酒店数字化营销模式和流程的全新总结和定义、酒店数字营销基础技能的汇总、酒店主要数字营销工具的体系化介绍、酒店线上和线下营销方法的全新总结和定义,构建了酒店数字营销的整体架构。学生可以通过本教材了解酒店数字营销的知识和实践体系。教师可以基于本教材的体系对内容进行扩展和丰富,并引导学生探索最新的行业实践。

2. 对接数字营销新岗位和新技术,理论和实训结合

本教材除了提供全面的知识体系外,还提供酒店数字营销岗位的常见任务,用于实践教学。这些实训任务均是以项目为导向,以任务为载体,对接数字营销系统、用户数据平台和营销自动化系统等新技术应用。教师可以使用项目制教学方法,结合营销技术工具的实训,让学生边做边学,从而更有效地理解酒店数字营销的岗位和技术应用

要求。

3. 对接"岗课证赛"融通教学模式

本教材是根据酒店管理与数字化运营专业的人才培养目标,以酒店数字营销岗位能力需求标准为导向进行内容编写,将岗位工作任务化,力求满足新国家教学标准下的"酒店数字化营销"课程的教学需要。本教材已经将2022年全国旅游院校酒店数字营销技能大赛的部分内容融入教材教学内容中,可以作为大赛的参考学习用书。

4. 新形态教材,理实结合,易于推动课堂教学革命

本教材根据学校学生特点创新教材形态,包含文字和视频格式的案例,并结合二维码应用可进行动态更新。教材中包括多个工作手册式的实训任务,深入浅出,图文并茂。结合本教材的使用,教师可以开展项目教学、情境教学、模块化教学,推动现代信息技术与教育教学深度融合,提高课堂教学质量。

本教材由华侨大学旅游国家级虚拟仿真实验教学中心汪京强博士负责统稿,广东海洋大学数字旅游研究中心黄昕博士负责制定大纲体例。编写团队各成员分工合作,其中,项目一"酒店市场营销导论"由汪京强博士和黄昕博士负责;项目二"酒店产品和客户"、项目三"酒店细分市场"、项目七"酒店市场推广和销售的方法"由黄昕博士和陈雪明先生负责;项目四"酒店营销的模式"由吕静博士和黄昕博士负责;项目五"酒店数字营销的基础技能"由邢宁宁博士负责;项目六"酒店营销技术工具应用"由汪京强博士和吕静博士负责;项目八"酒店数字化运营与管理虚拟仿真实训"由汪京强博士和邹金串老师负责。全书各个项目的实训项目由李卓君老师负责。本教材在编写过程中得到邹金串老师、夏文婷老师、张弛先生、吴敬源先生的帮助。同时,来自广州市问途信息技术有限公司的黄婉敏女士和赵静女士对实训项目的编写和内容校对提供了帮助。此外,本书的顺利完成还要特别感谢华中科技大学出版社李家乐编辑。正是因为全体编写人员的共同努力以及诸多教师和专业人士的支持,本书才得以顺利付梓。

此外,本教材对酒店市场营销的产品、细分市场、营销方法进行了高度的总结和定义,并对数字营销的模式、工具进行了归纳,可以作为酒店市场营销从业人员的学习和培训用书。

最后,需要特别指出的是,本书的贡献在于对酒店数字营销的体系进行了梳理,对酒店数字营销的基本技能进行了归纳,但由于新一代信息技术的高速发展,导致市场环境和营销技术不断变化,无论是市场营销,还是数字营销,其理念和方法几乎每年都在发生变化。这是教材的出版无法跟上的。在实际教学场景中,教师还需要秉承"终身学习"的理念,不但学习最新的市场营销理念和数字营销方法及技术应用。本教材也将通过各方努力不断完善数字化教学资源,及时动态更新实训任务。如果需要了解最新的数字化教学资源,可发邮件到 service@wintour.cn。

由于编写团队水平有限,书中还有诸多不完善之处,恳请各位老师指正。欢迎老师们联系本教材主编汪京强博士(wjqcxt@163.com)和黄昕博士(xinhuang@gdou.edu.cn)。

汪京强　黄昕

项目一　酒店市场营销导论　　1

任务一　数字化的市场营销概述　　3
任务二　数字化的市场营销的相关理论　　7
任务三　酒店消费者旅程地图和接触点　　12

项目二　酒店产品和客户　　15

任务一　酒店产品的认知　　17
任务二　酒店产品组合和产品打包　　27
实训任务一　酒店在线商城产品组合与促销　　30
实训任务二　酒店打包产品——美食会员卡的策划　　35

项目三　酒店细分市场　　42

任务一　酒店客房细分市场　　44
任务二　酒店餐饮细分市场　　48
任务三　酒店会议细分市场　　51
实训任务一　酒店客户忠诚计划设置　　53

项目四　酒店营销的模式　　59

任务一　酒店数字化时代营销的流程　　61
任务二　新媒体认知　　64
任务三　酒店分销认知　　70
任务四　酒店直销认知　　72
任务五　酒店客户运营认知　　75
实训任务一　酒店餐饮产品的预售策划　　77
实训任务二　基于动态定价的酒店客房产品在线销售　　82

项目五　酒店数字营销的基础技能　　91

任务一　酒店文案策划与书写　　93
任务二　图片拍摄与处理　　97
任务三　短视频制作　　100
任务四　数字营销的法律法规　　104
实训任务一　官方网站内容编辑　　107
实训任务二　微信公众号的搭建　　112

项目六　酒店营销技术工具应用　　120

任务一　酒店利用各种新媒体平台的获客技术　　122
任务二　酒店从 OTA 平台获取订单技术　　130
任务三　酒店通过直销平台提升直销产量的技术应用　　135
任务四　酒店用户深度运营的技术应用　　147
任务五　酒店数字营销效果分析的技术应用　　152
实训任务一　酒店客人消费者旅程的关键接触点互动
　　　　　——预订阶段　　156
实训任务二　酒店客人消费者旅程的关键接触点互动
　　　　　——入住阶段　　160

实训任务三 酒店客人消费者旅程的关键接触点互动
　　　　　　——住店阶段　　　　　　　　　　　　　163

实训任务四 酒店客人消费者旅程的关键接触点互动
　　　　　　——离店阶段　　　　　　　　　　　　　167

项目七　酒店市场推广和销售的方法　　　　　171

任务一　酒店线下使用的市场推广方法　　　　　173
任务二　酒店线上使用的市场推广方法　　　　　175
任务三　酒店线下使用的销售方法　　　　　　　179
任务四　酒店线上使用的销售方法　　　　　　　182
实训任务一　会员日活动　　　　　　　　　　　185

项目八　酒店数字化运营与管理虚拟仿真实训　　191

任务一　酒店数字化运营与管理虚拟仿真实训项目介绍　　193
任务二　酒店数字化运营与管理虚拟仿真实训教学设置　　195
任务三　华侨文化民宿数字营销虚拟仿真实训指导书　　　202

二维码资源目录

二维码对应视频/案例	项目	页码
项目引入:"现代营销学之父"菲利普·利特勒的营销预测	1	2
微课:数字化时代对酒店市场营销人员的要求	1	5
微课:绘制消费者旅程地图	1	13
项目引入:酒店数字营销技能大赛的商城搭建和营销方案策划	2	16
微课:从营销视角解读酒店某一产品	2	17
拓展阅读:产品组合和产品打包案例	2	27
项目引入:STP 理论的数字营销应用	3	43
微课:酒店细分市场认知	3	44
微课:客户忠诚计划	3	53
拓展视频:了解行业数字化营销优秀企业	4	60
项目引入:酒店营销模式的选择与建立	4	60
微课:酒店分销知识导入	4	70
微课:酒店直销知识导入	4	72
项目引入:法律范畴下的酒店数字营销行为	5	92
微课:文案内容的策划与撰写	5	94
微课:文案内容的排版	5	96
微课:数字营销的法律法规知识导入	5	104
拓展视频:了解"问途杯"数字营销技能大赛推荐企业	5	121
项目引入:酒店数字营销技术工具的技能	6	121
微课:利用 DOSSM 系统开展营销	6	149
项目引入:酒店线上与线下的立体营销	6	172
微课:短视频推广知识导入	6	176
微课:直播推广知识导入	6	177
微课:交叉销售和向上销售	6	180
项目引入:民宿联盟的数字营销	7	192

项目一
酒店市场营销导论

 项目描述

本项目介绍了数字化时代酒店市场营销的概念,对数字化市场营销的相关理论进行了描述,提出了数字化时代对酒店市场营销人员的要求。重点学习酒店市场营销的指导理论:STP市场定位理论、营销组合理论、客户增长模型理论、MarTech理论,了解酒店消费者旅程地图和接触点,丰富酒店数字化时代营销流程方面的认知,从而构建酒店数字化营销的认知基础。

 项目目标

知识目标
1. 了解数字化酒店市场营销的概念。
2. 认知数字化的市场营销的相关理论。
3. 了解酒店消费者旅程地图和接触点。
4. 提出数字化时代对酒店市场营销人员的要求。

能力目标
1. 能够准确把握消费者决策关键点。
2. 掌握酒店市场营销的指导理论中的STP市场定位理论和客户增长模型理论。

素养目标
1. 提升学生对酒店数字化营销的职业价值的认同。
2. 培养职业素养和工匠精神。

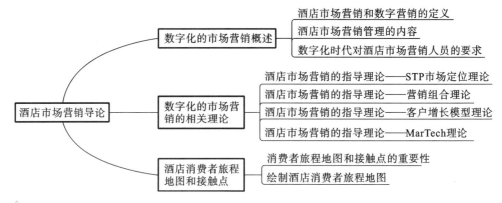

本项目旨在重点学习酒店市场营销的指导理论中的STP市场定位理论和客户增长模型,了解酒店消费者旅程地图和接触点等,丰富酒店数字化时代营销流程方面的认知,帮助学生构建酒店数字化营销的基础认知。

项目引入

"现代营销学之父"菲利普·利特勒的营销预测

任务一 数字化的市场营销概述

任务描述

了解酒店市场营销和数字营销的定义是这一任务的基础,掌握酒店市场营销管理的内容,了解并达到数字化时代对酒店市场营销人员的要求是这一任务的目标。

一、酒店市场营销和数字营销的定义

(一)市场营销的定义

市场营销在人们的日常生活中是一个常见的行为,它无处不在。当你在商场的货架前面选择商品,或者在电子商务平台上购买商品,或者通过在线旅行社平台预订酒店,你需要在众多的商家和信息中决策,找出符合你需求的商品。这些日常发生的事情都是市场营销的活动。

站在商家的角度,如何找到你?

如何发现你的欲望或需求?

如何满足你的需求?

制订什么样的营销计划和活动能够促使你尽快决策?

如何让你便捷地购买?

如何让你再次购买甚至介绍朋友来购买?

这些问题就是市场营销的本质。通俗地说,市场营销就是管理"让客户来,让客户反复来,让客户带着朋友来"的一系列活动(见图 1-1)。由此可见,客户始终是市场营销活动的中心。美国著名的营销学专家菲利普·科特勒曾经将市场营销定义为,管理有价值的客户关系。

在酒店,市场营销部是一个非常重要的部门,但市场营销并不是酒店市场营销部或者某一些岗位的工作任务,而是酒店"做生意"的思维模式,即如何根据酒店现有地理位置、现有产品和服务能力等条件去找准目标客户,并确定"酒店以什么样经营和管理的形式来吸引潜在的目标客户,促进目标客户购买产品和服务,提升客户满意度和忠诚度"。这种思维模式贯穿酒店业务的方方面面,是酒店市场营销的基础。

酒店市场营销部门的岗位也是根据上述思维模式进行设置的。在酒店的市场营销部门(Sales and Marketing Department)中,主要按照市场(Marketing)和销售(Sales)两个职能进行岗位分工。随着越来越多的市场和销售活动从线下转到线上,很多酒店

图 1-1　市场营销的本质

在市场营销部还专门设置了电子商务和数据分析的岗位。市场和销售是相辅相成的,共同为客户创造价值并促进客户的持续增长。

酒店市场营销可以定义为,根据酒店定位,有效整合内部和外部资源,以目标客户需求为导向,为目标客户提供有价值的产品和服务,提升客户体验和客户黏性,从而实现酒店经营目标的活动。市场营销管理就是实现这一系列活动的过程管理,并为包括客户、酒店、营销渠道、供应商、营销与客户服务团队在内的所有利益相关者创造价值。成功的市场营销,是诸多利益相关者共同合作的结果。例如,在"双十一"期间,酒店要获得理想的业绩离不开电子商务平台、技术服务商、运营服务商、酒店产品提供部门、酒店产品供应商,以及各大分销商等的共同努力。

(二)数字营销的定义

互联网已经融入人们日常生活的方方面面,酒店客户的决策和消费行为的全过程都离不开各种互联网工具。这使得酒店的市场营销管理工作必须与互联网深度融合,由此产生了"数字营销"这一术语,类似术语还包括在线营销、网络营销、电子营销等。互联网现已经成为整个社会发展的基础设施,即便是酒店最为传统的营销方法,如面对面销售、电话销售也离不开数字化的工具。从实践角度而言,数字营销贯穿于日常的营销活动、营销过程和营销体系之中。

著名的"现代管理学之父"彼得·德鲁克认为企业的成功取决于两个关键因素,即市场营销和创新。菲利普·科特勒认为现在的市场营销是 CCDV(Create, Communicate and Deliver Value),即为目标市场创造、沟通和交付价值,市场营销管理者要"寻找市场营销创新"。酒店营销管理人员要避免线性思维,即一种直线的、不变的、单一的思维方式。市场营销环境不断变化,无论是酒店还是个人,要生存得更好,必须学会在"唯有不变的就是变化"的时代进行创新。科特勒提出新市场营销的十大特征如下:

(1)将市场营销作为公司增长引擎;
(2)通过营销领导力与其他职能的协同制胜;
(3)以移动营销为中心;

(4)收集有关客户旅程的数据;
(5)参与和建立品牌社区;
(6)利用社交媒体平台做广告;
(7)管理内容开发和分发;
(8)使用营销自动化技术;
(9)以优质的服务取胜;
(10)作为一个友爱的酒店,以品牌声誉制胜。

"以移动营销为中心""收集有关客户旅程的数据""使用社交媒体平台做广告""管理内容开发和分发""使用营销自动化技术""参与和建立品牌社区"这些特征都是建立在"数字化"的基础上。

法国学者德尼·佩兰在其著作《酒店业》中提到,人类每一种真正的文明都会产生出与它相适应的酒店业。市场营销管理工作也是一样,不同时代的酒店业都会产生出与它相适应的营销管理模式。互联网时代的营销模式即是数字营销。我们可以简单地将数字营销定义为,营销管理的数字化。这个定义虽然简单,但说明数字营销不仅仅是通过数字工具,如网站、电商平台、社交媒体、智能手机客户端等,去实现与客户的沟通和客户关系的管理,而是在营销管理的全过程中,在客户的整个消费旅程中,所有的工作和任务都是以数字化为实施基础的。因此可以说,数字营销就是传统营销的数字化升级。当下,任何一家酒店如果不转向数字化营销,则很难获得成功。

二、酒店市场营销管理的内容

为了有效进行酒店市场营销的管理,一个酒店的市场营销总监需要确保整个团队能够在下述问题上达成共识:
(1)谁是酒店的目标客户?这些目标客户有什么样的特征?
(2)这些目标客户的需求是什么?
(3)向这些目标客户提供什么样的有竞争优势的产品和服务?
(4)通过什么样的营销和传播渠道可以接触这些目标客户?
(5)使用什么样的技术工具和这些目标客户进行有效沟通?
(6)制定什么样的营销活动和价格策略去说服这些目标客户购买?
(7)寻找哪些销售渠道实现销售目标?
(8)通过哪些客户关系管理的方法能够提升客户满意度和客户黏性?
(9)组建和培养什么样的市场营销团队去完成这些营销工作?

上述的问题涉及客户细分、市场定位、客户分析、竞争对手分析、产品组合和定价、营销和销售渠道管理、活动与促销管理、客户关系管理、营销技术工具应用、市场营销团队管理等内容。这些内容是酒店业市场营销管理的主要内容。

三、数字化时代对酒店市场营销人员的要求

数字技术正在推动酒店业商业模式的创新和新业态的形成。2021年,酒店业知名媒体——环球旅讯在其发布的《中国酒店业数字化成熟度研究报告》中指出,98%的酒

微课

数字化时代对酒店市场营销人员的要求

店认知到数字化转型的必要性、重要性,数字化转型成为全行业的战略共识。因为数字化会从各维度优化或者颠覆酒店经营的各个方面,主要包括提高营业收入、改善营销策略、提高运营效率、改进产品服务和优化客户体验以及保持市场竞争力。随着数字化转型的深入,酒店逐步开始构建并初步配备了相应的数字化负责团队,培育高层次的数字化人才队伍成为当前酒店转型过程中面临的重点挑战。连锁酒店面临的数字化人才缺口主要来自数字化运营、数字化转型负责人、数字营销相关岗位,并且数字技术和数据治理也逐步成为刚需。单体酒店面临的数字化人才缺口主要来自数字营销和数字化运营,这与单体酒店希望通过数字化实现更多营销优化和营收增长的目标相一致。石基信息联合数家机构发布的《2021年中国酒店业数字化转型趋势报告》指出,阻碍酒店业数字化转型的三大挑战之一是缺乏数字化人才(59%)。酒店需要建立一个以工作为中心的数字能力图。而酒店需围绕数字化目标设立新的职位,就像10年前OTA渠道崛起时酒店设立电子商务管理部门和职位一样。业务人员、技术人员和管理人员需要具备差异化的数字能力。业务人员需要具备IT思维能力、业务创新能力和数字思维能力;技术人员需要了解业务,理解其痛点,并将其融入业务中进行创新;管理人员需要从上到下建立数字化转型团队,并对数字化运营给予足够的重视。

什么样的人才符合酒店开展数字化营销的需要呢?这类人才需要具备三个核心的竞争力:一是对行业以及业务知识的理解与运用,二是数字技能,三是数据思维,如图1-2所示。

图1-2　数字化营销人才能力组成

在业务知识方面,需要对旅游与酒店业的管理与运营有全面、深入和清晰的认知。从管理角度,要了解旅游与酒店业的运营模式、市场定位、财务指标、信息技术、行业趋势以及督导管理;从运营角度,要对客户知识、产品知识、服务知识、营销方法、销售能力和客户关系有清晰的认知,如图1-3所示。

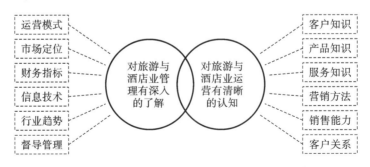

图1-3　数字化营销人才在业务和管理角度的需求

在酒店市场营销管理工作中,需要在不同的业务场景中频繁使用各种数字化的技术工具。数字技能就是指人在业务场景中运用技术的时候形成的能力(见图1-4)。市场营销人员掌握和运用技术的熟练程度,以及技术本身的复杂程度决定技能高低。

图 1-4 数字技能的组成

酒店市场营销人员只有掌握了业务知识和数据技能,才具备使用数据去发现问题、解决问题和辅助决策的能力,也就是具有数据思维。数据思维能力有五个方面。第一,对数据本质的认知能力。例如,要知道所负责的工作会有哪些数据,以及这些数据是什么类型。第二,能够将业务问题数据化的能力。例如,在每一个业务场景中,如何使用数据去描述业务场景,每一个业务问题背后的数据逻辑是什么。第三,数据的可视化能力,也就是将复杂的数据图像化的能力。例如,能够设计出更加直观、更容易让人理解的数据展示效果。第四,能够将数据与业务结合,选择合适的算法和数据模型去解决问题。第五,数据分析和洞察能力,也就是从数据分析中得出有助于业务优化和决策的洞察能力。应用数据驱动业务能力展示模型如图 1-5 所示。

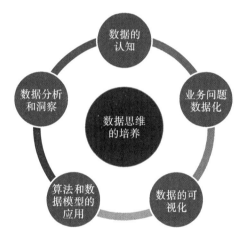

图 1-5 应用数据驱动业务能力展示模型

任务二 数字化的市场营销的相关理论

 任务描述

通过对数字化市场营销的指导理论——STP 市场定位理论、营销组合理论、客户增长模型理论、MarTech 理论的学习,打好数字化的市场营销认知基础。

一、酒店市场营销的指导理论——STP市场定位理论

酒店市场营销管理内容中最重要的是先明确定位,即酒店通过打造什么样的产品和服务特色来服务哪一类型客户和市场以及建立哪些差异化优势。因为客户的需求非常多样化,所以酒店业面向的客源市场是一个高度细分的市场。酒店在进行客户细分时,首先从客户需求角度进行划分(Segmentation),然后选择目标市场(Market Targeting),最后进行定位(Positioning),这三大要素就形成了市场营销管理中的STP市场定位理论(见图1-6)。全部的市场营销管理活动和内容都是根据酒店定位来开展的。不过需要指出的是,酒店的定位会随着时间、产品、竞争对手和消费群体的变化而变化。在这个动态的变化过程中,酒店需要进行市场营销调研,包括对客户和竞争对手进行分析,以便确定目标客户并为其打造合适的产品。

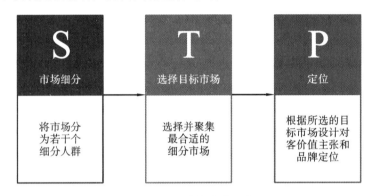

图1-6　STP市场定位理论

任何一个酒店都不可能服务所有的细分市场,只能选择合适的细分市场以便集中资源获得竞争优势。酒店在选择细分市场后,也需要对细分市场的客户进行超细分。例如,酒店的散客可以分为协议散客和非协议散客,非协议散客还可以进一步细分为观光散客、休闲散客、度假散客、商务散客等多个超细分市场。

20世纪初,意大利经济学家帕累托提出的二八法则(又称为帕累托法则,Pareto Principle)认为,在任何一组事物中,最重要的只占20%,其余80%尽管是多数,却是次要的。这就形成了营销界公认的"真理",即20%的产品品类带来了80%的销量;20%的客户带来了80%的利润。市场细分也同样适用于二八法则。协议散客是酒店销售的重点,占据了散客市场的20%。在互联网时代之前,酒店只需要集中优势的销售和服务资源服务好20%的协议客户市场。而对于80%的非协议散客,则无法有效进行个性化服务,这是因为80%的散客市场中个体需求可能都不一样,提供个性化服务的成本很高。但是在互联网时代,通过技术工具将其发展成为会员或者粉丝,然后通过数字平台统一管理,甚至借助于数据驱动的营销自动化技术进行千人千面的个性化服务已经成为可能。

美国《连线》杂志主编Chris Anderson在2004年提出了长尾理论(The Long Tail Theory),用于描述亚马逊等互联网公司的商业模式。Chris提到,"我们的文化和经济重心正在加速转移,从需求曲线头部的少数大热门(主流产品和市场)转向需求曲线尾

部的大量利基产品和市场。在一个没有货架空间的限制和其他供应瓶颈的时代,面向特定小群体的产品和服务可以和主流热点具有同样的经济吸引力"。这些位于需求曲线尾部的细分利基市场(Niche Market,指更窄更小的细分市场)就构成了长尾。酒店越能够深入洞察所定位细分市场的客户需求,就越有能力有效发现和开发超细分市场,从而成为德国管理学家赫尔曼·西蒙提出的隐形冠军(Hidden Champions)。

对于酒店业而言,随着文化和经济重心的转移,消费者需求曲线从头部少数的热门市场转向了尾部大量的小市场。除了以往人潮涌动的商务市场、休闲与度假消费市场,还有很多新兴的旅游消费细分市场出现,并产生了针对新细分市场的新业态。酒店集团的品牌也进行了细分。以万豪酒店集团为例,在"市场细分"这一营销行为上,它被称为超级细分专家。在高端市场上,The Ritz-Carlton(丽思卡尔顿)为高档次的顾客提供服务方面赢得了很高的赞誉并倍受赞赏;Renaissance(万丽)作为商务和休闲品牌与Marriott(万豪)在价格上基本相同,但它面对的是不同消费心态的顾客群体——Marriott 吸引的是已经成家立业的人士,而 Renaissance 的目标顾客则是职业年轻人;在低端酒店市场上,万豪由 Fairfield Inn(菲尔德酒店)衍生出 Fairfield Suite(菲尔德套房),从而丰富了自己的产品线;位于高端和低端之间的酒店品牌是 TownePlace Suites(唐普雷斯套房)、Courtyard(万怡)和 Residence Inn(居家)等,它们分别代表着不同的价格水准,并在各自的娱乐和风格上进行了有效区分,这就能有效地关注细分市场,满足不同客户的需求。

二、酒店市场营销的指导理论——营销组合理论

对于产品组合和定价、营销和销售渠道管理、活动与促销管理、客户关系管理这些市场营销管理内容,我们可以使用美国学者麦卡锡在 1960 年提出的 4Ps 市场营销组合理论和美国学者罗伯特·劳特朋在 1990 年提出的 4Cs 市场营销组合理论来指导酒店市场营销。4Ps 即 Product(产品)、Place(渠道)、Price(定价)和 Promotion(促销)。4Cs 即 Customer Needs(顾客需求)、Convenience(便利)、Cost(成本)和 Communication(沟通)。4Ps 是站在酒店的视角去思考市场营销工作,而 4Cs 是站在客户的视角去思考市场营销工作。

时代在不断变化,与之相适应的技术环境和社会环境也在不断发生变化,因此会产生与之相适应的市场营销组合。有专家提出了适合社交媒体时代的营销组合——新 4Cs,即 Context(场景)、Community(社区)、Content(内容)和 Connection(连接)。根据新 4Cs 营销组合,酒店在市场营销中首先要选择合适的场景(Context),通过内容(Content)的策划,瞄准特定的社区(Community),利用人与人之间的社会网络连接(Connection)来进行快速扩散与传播,起到"病毒"传播的效果,最终实现营销目标。

在酒店行业,可以将传统的 4Ps 营销组合和社交媒体环境下发展起来的新 4Cs 营销组合进行结合,从而产生一个新的数字营销组合模型——4PCs,如图 1-7 所示。

Product(产品)是指酒店为目标客户开发的合适的产品。在移动互联网和社交媒体时代,消费者每天从互联网和社交媒体中接触的信息已经超过了人类大脑能够处理的能力。酒店向客户进行产品宣传的时候需要考虑如何将产品内容进行包装,比如,通过讲故事的方式给客户留下深刻的印象和具备分享的价值。因此,Product(产品)这个

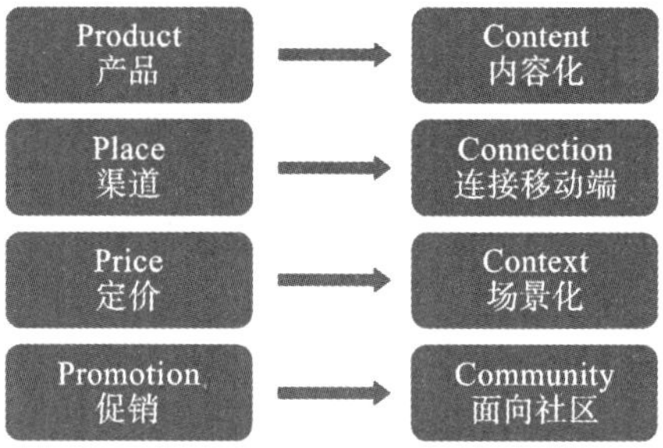

```
┌─────────┐      ┌─────────┐
│ Product │ ───► │ Content │
│  产品   │      │  内容化 │
└─────────┘      └─────────┘
┌─────────┐      ┌───────────┐
│  Place  │ ───► │Connection │
│  渠道   │      │连接移动端 │
└─────────┘      └───────────┘
┌─────────┐      ┌─────────┐
│  Price  │ ───► │ Context │
│  定价   │      │  场景化 │
└─────────┘      └─────────┘
┌───────────┐    ┌───────────┐
│ Promotion │──► │Community  │
│   促销    │    │ 面向社区  │
└───────────┘    └───────────┘
```

图1-7　4PCs数字营销组合模型

营销要素就需要和Content(内容)这个营销要素结合起来使用,产品即内容,内容即产品。

Place(渠道)是指酒店为了将有价值的内容和产品传递给目标消费者的渠道。在移动互联网时代,消费者的智能手机已经连接了很多酒店提供的各类应用程序。以酒店产品为例,在消费者智能手机中有很多App可以进行预订,除在线旅行社提供的App外,还有银行类、地图类、航空公司、支付类、电商类等App均可以提供酒店预订服务。很难想象,假如一家酒店的产品和服务不能够通过移动互联网或者社交媒体渠道连接到消费者,这家酒店还能够有生存的机会。因此,Place(渠道)这个营销要素就需要和Connection(连接)这个营销要素结合起来使用,所有移动端和社交端的渠道都需要尽可能进行连接。此外,也需要尽可能将消费者连接到酒店自有的移动端和社交媒体端,以实现和消费者高效、便捷的沟通。

Price(定价)是指酒店面向目标消费者的定价策略。在移动互联网和社交媒体时代,消费者的消费场景既包括线下也包括线上,甚至游前、游中和游后都是不同的消费场景,消费者的愿望和需求也不同。因此,酒店对同一产品的定价策略需要考虑不同的消费场景,尤其是对于旅游业及酒店业这种存在明显淡旺季的行业。因此,Price(价格)这个营销要素就需要和Context(场景)这个营销要素结合起来使用,定价策略需要考虑不同的消费场景。

Promotion(促销)是指酒店采用何种方法吸引或者说服消费者立即购买产品和服务。在社交媒体时代,社区和社群中的互动和分享行为对消费者的购物决策起着潜移默化的作用。因此,Promotion(促销)这个营销要素就需要和Community(社区)这个营销要素结合起来使用,促销要考虑如何面向社区和社群,以获得更好的传播效果和更高的信赖度。

三、酒店市场营销的指导理论——客户增长模型理论

市场营销是创造和管理有价值的客户关系,客户关系管理的目的是实现酒店的商业目标,客户增长毫无疑问是最核心的商业目标,客户增长有两个重要的内容:一个是新客户增长,目的是扩大有效客户规模;另一个是客户运营,目的是实现客户满意度和客户黏性的提升。为了有效地实现客户增长,酒店在开展市场营销工作中可以采用RCCCRE的客户增长模型来进行客户关系的运营。RCCCRE客户增长模型(见图1-8)有六个关键指标,分别是客户接触(Reach)、客户连接(Connect)、客户培育

(Cultivate)、客户转化(Convert)、(客户留存)Retention 和客户拥护(Endorse)。

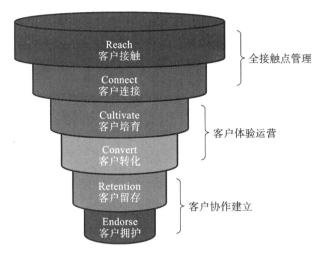

图 1-8　RCCCRE 客户增长模型

（1）客户接触：利用多个分销渠道和推广渠道来扩大接触面和增加接触点，以此获取新客户。

（2）客户连接：由于酒店的产品使用频次比较低，无论与客户在哪里接触，酒店营销人员都需要抓住每一次接触的机会，将客户引导到线上，以便日后互动。

（3）客户培育：从潜在客户接触到产生交易的整个转化需要一定周期，因此，酒店需要和客户保持互动，培养客户对产品和服务的认知和认同，以便客户产生需求后优先选择。

（4）客户转化：洞察客户需求并积极为客户创造消费的理由和机会。

（5）客户留存：在体验产品和服务后，想方设法吸引客户再次光顾。

（6）客户拥护：让客户通过自身社交关系网络传播优质的产品和服务。

四、酒店市场营销的指导理论——MarTech 理论

随着数字技术的不断发展，市场营销和数字技术的融合已经成为普遍现象。美国互联网博主 Scott Brinker 在 2011 年提出 MarTech 概念，就是将 Marketing（营销）和 Technology（技术）两个英文单词合成一个新词。Scott Brinker 将 MarTech 定义为在营销的整个循环当中都能够用到的技术和软件解决方案，这些技术解决方案在营销的整个闭环流程中用于不同的阶段，用于实现帮助酒店建立与客户之间连接、销售线索培育、商机管理、客户和联系人管理、数字营销活动的效果、客户体验优化、客户转化率提升等。

根据 MarTech 的定义，数字营销工具非常多。Scott Brinker 从 2011 年开始统计全球市场的营销技术解决方案，并汇总成一张 MarTech 全景图。2014 年，Scott Brinker 创办了 MarTech 峰会，并以 MarTech 主席身份推进行业交流。在每年的 MarTech 峰会上，Scott Brinker 都会发布一张新的 MarTech 全景图。2011 年只收录了不到 150 个有代表性的营销解决方案，而到了 2019 年有 7040 个营销技术解决方案。

截止到2020年4月,已有8000个营销技术解决方案。

在2020年的MarTech全景图中,Scott Brinker将8000个营销技术解决方案分为六大类,分别是广告与促销(Advertising & Promotion)、内容与体验(Content & Experience)、社交和关系(Social & Relationship)、商业和销售(Commerce & Sales)、数据(Data)、管理(Management)。其中,社交和关系的解决方案最多,占比为24.6%;内容与体验的解决方案占比为24.2%;商业和销售的解决方案占比为16.4%;数据的解决方案占比为15.7%。

从酒店行业营销特征来看,酒店的营销首先离不开以携程、美团等OTA为代表的互联网分销渠道。在"马太效应"(指强者越来越强、弱者越来越弱的现象)的影响下,线上的流量基本被头部OTA垄断。为了获取流量,酒店需要通过提升OTA佣金、在OTA平台上投放广告、参与OTA促销让利活动等方式进行营销。这虽然会导致在分销渠道上支出的佣金和营销费用越来越高,但也帮助酒店获得了更多的新客户。为了从分销渠道获取更多订单,酒店需要制定合理的分销策略并使用渠道管理系统提高效率。但如果对分销渠道过于依赖,酒店则将丧失对市场和客源的控制能力。因此,酒店还需要借助于营销技术工具开展在线直销,通过直销体系的建设和运营将来自各个渠道的客户"留存"下来。酒店的营销技术解决方案主要分为在线分销解决方案和在线直销解决方案。在线直销从业务流程上可以分为多渠道获客、销售转化和客户运营三个阶段,每个阶段需要不同的营销技术工具。

任务三 酒店消费者旅程地图和接触点

 任务描述

通过绘制酒店消费者旅程地图并确保每个关键时刻的接触点的营销工作对于现在的市场营销管理是至关重要的。本任务旨在学习将市场营销战略融入企业的每一个部门,并通过产品和客户,进行价值提升。

一、消费者旅程地图和接触点的重要性

世界营销学大师菲利普·科特勒提出,营销已经进入社交媒体营销、大数据营销、营销革命4.0阶段。绘制酒店消费者旅程地图并确保每个接触点上的营销工作的有效性对于现在的市场营销管理是至关重要的。

在这个体验经济和数字化相融合的时代,酒店与客户的接触点,几乎都是数字化的,因为客户的智能手机的使用贯穿服务接触前、服务接触中、服务接触后整个消费过程。为客户创造数字化体验是酒店新的核心竞争力。数字营销工作不仅仅是获取客

户,而是深度参与酒店消费者旅程地图中的每个接触点的协调、管理和互动。

二、绘制酒店消费者旅程地图

绘制酒店消费者旅程地图是酒店开展数字营销的首要工作,旅程地图是由若干个关键时刻按照行为发生的时间次序构成的。北欧航空公司前 CEO 卡尔森将"关键时刻"定义为"任何时候,当一名顾客和一项商业的任何一个层面发生联系,无论多么微小,都是一个形成印象的机会"。MOT 的概念被提出后,宝洁公司提出 Shelf(货架)和 Experience(体验)是非常重要的关键时刻,谷歌公司提出 Search(寻找)是更为重要的关键时刻。此外,其他研究者提出了刺激时刻和终极关键时刻(如分享)。这五个关键时间按照时间次序构成了基于 MOT 模型的酒店消费者旅程地图(见图 1-9)。酒店需要绘制消费者旅程地图,然后在消费者旅程中找到关键接触点,并进行有效的管理工作,否则在这个触点上的客户就有可能流失。在酒店业,酒店和客户之间有一个较长的消费者旅程,品牌信息、促销信息、产品和服务、宣传资料、酒店员工都和客户有很多接触点,并分布在"被刺激—信息查询—订购—体验—售后"这五个关键时刻中。

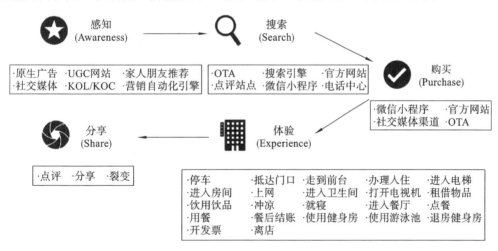

图 1-9 基于 MOT 模型的酒店消费者旅程地图

在感知阶段,客户的主要触点有原生广告、UGC 网站、社交媒体或家人朋友推荐等;在搜索阶段,客户涉及与 OTA、搜索引擎、官方网站等渠道端接触;进入购买阶段,客户的触点发生在微信小程序、官方网站、OTA 等;体验阶段包括客户入住、在店期间及办理退房,历经停车、办理入住、用餐到退房离店等环节,属于触点数量最多的阶段。可见,关键时刻中的体验阶段尤为重要。酒店通过合适的触点与客户进行连接,分析客户在接触点上的需求,然后针对客户在接触点场景中的需求提出解决方案,从而实现客户线上转化的目的。

除基于 MOT 模型的酒店消费者旅程地图外,5A 模型(见图 1-10)也经常被用于绘制酒店消费者旅程地图,即消费者的购买行为从产生意识开始到结束形成一个闭环。

(1)消费者对于酒店的产品或品牌有所了解(Aware)。

(2)消费者被酒店的价值主张所吸引(Appeal)。

(3)消费者接下来可能会有一些问题进行询问(Ask)。

(4) 之后消费者可能愿意购买 (Act)。

(5) 而如果他喜欢酒店的产品,他将来还会复购 (Act Again)。

图1-10　基于5A模型的消费者旅程地图

按照酒店业现有的管理架构,都是以职能为导向的,并非以用户为导向,每个部门只负责某一些关键时刻和接触点,如客房部只负责前厅和房务的接触点,餐饮部只负责餐厅的接触点,市场部只负责传播的接触点,销售部只负责交易的接触点。整个消费者旅程是"割裂"的。科特勒认为,最优秀的总经理是将市场营销理解为无所不在(Marketing Everywhere,即ME),他们知道酒店的工作就是给客户创造价值,营销是一切工作的开始。也就是说,营销和运营必须打通,每一个接触点和关键时刻都是营销工作的开始。酒店应该重视绘制酒店消费者旅程地图,将市场营销战略融入酒店的每一个部门,并通过产品和客户,来进行价值提升。只有这样,酒店才能进入科特勒所谓的"营销革命4.0"的阶段。

项目小结

　　酒店的数字营销范畴并不是一成不变的,相反,其会随着市场的变化以及酒店的战略管理而不断发生变化,能够最大限度地适应市场的发展需求。当然人才培养在任何时候都非常重要。对于酒店的数字化营销而言,在大数据和互联网时代,客户决策流程的划分相较于传统的营销方式更细致、更清晰,酒店可以通过数字化营销对消费者在旅程地图及关键时刻的各个环节上的关键接触点进行精准营销。在数字化时代,酒店想要更好地提升效益,数字化营销的转型是其必不可少的经营战略。

　　学生通过对"酒店市场营销导论"这一项目知识的系统学习,能够更好地对数字化营销产生较宏观的整体认知并对业务及此岗位产生浓厚的兴趣。

项目二
酒店产品和客户

 项目描述

本项目通过对酒店产品类型的介绍,使学生了解酒店产品的组合及产品打包,进一步认知酒店产品相关方面的知识,构建以客户需求为导向的数字营销基础,并通过酒店在线商城产品组合与促销,以及酒店打包产品——美食会员卡的策划两个实训任务来理解和认知酒店产品。

 项目目标

知识目标
1. 熟悉酒店产品的属性与特征。
2. 认知酒店产品组合和产品打包的营销理论和运营。

能力目标
1. 了解相同档次、相同产品结构、相同地理位置的酒店产品销售方面的差异。
2. 掌握以客户需求为导向的思维方式进行产品组合、产品打包和销售。
3. 在不同的客户接触场景,能够制定不同的策略,胜任酒店各部门的营销工作。

素养目标
1. 充分了解酒店产品的文化属性。
2. 培养人文精神,提高人文关怀意识。

知识导图

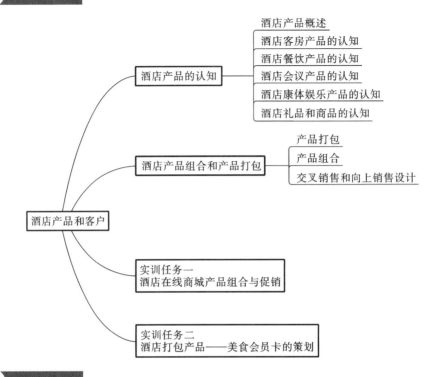

 学习重点

本项目重点学习酒店产品类型，酒店产品的组合及产品打包，进一步了解酒店产品，基于客户导向思维构建数字营销基础。

项目引入

酒店数字营销技能大赛的商城搭建和营销方案策划

任务一　酒店产品的认知

任务描述

通过对酒店产品的认知，以及对酒店客房产品、酒店餐饮产品、酒店会议产品、酒店康体娱乐产品、酒店礼品和商品等方面的学习，熟悉酒店产品的属性与特征，为更好地学习数字营销打下牢固的基础。

一、酒店产品概述

谈起酒店的产品，大多数人都可以如数家珍般想起曾经入住的酒店客房、品尝过的酒店自助餐、到酒店参加的婚宴等。从直观角度，酒店产品的确可以分为客房、餐饮、会议、康体娱乐（简称康乐）这几类，此外，不少全服务式酒店还会制作应季的特产。

在大多数教科书上，对产品的概念分析都是将产品分为核心产品、形式产品、期望产品、延伸产品和潜在产品，如图 2-1 所示。核心产品是指客户的需求；形式产品是指为了实现核心产品而需要进行组合的外在实质产品或服务（组合）；期望产品是指满足客户个性化需求的产品或服务；延伸产品是指客户购买产品时附加获得的各种利益或权益；潜在产品是指现有产品未来的潜在或发展状态。

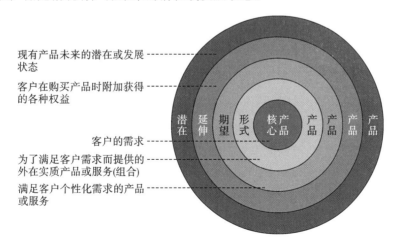

图 2-1　产品的整体设计概念

以酒店常见的亲子游市场为例，客户的需求以"陪伴"和"寓教于乐"为主，这个需求就是核心产品；形式产品有客房、儿童活动设施、美食体验、亲子课程等；期望产品是亲子主题装饰的客房、儿童欢迎礼等；延伸产品是会员服务、延迟退房等；潜在产品可能是将亲子游发展成为研学旅行。

微课

从营销视角解读酒店某一产品

上述分析对处于开发阶段的产品具有一定的指导意义，特别是在筹建一个全新的酒店时是有帮助的。但在酒店的实际营销场景中，酒店产品已经成型，调整的空间不大。酒店营销人员所需要做的是如何将这些具有"易逝性"的产品（如客房、会议场地等，都是在特定时间消费，时间一过，产品也无法储存、转售和退回）尽快精准销售给有需求的目标客户。因此，需要从客户敏感点、产品和服务要素、差异化卖点等角度进行产品分析并组织营销推广内容，让目标客户快速感知产品的价值，这样才有助于产品的销售。

二、酒店客房产品的认知

客房是酒店主要的盈利产品，对酒店营收的贡献最大，利润率最高。按房间结构的不同，酒店一般有双床房、多床房、大床房、套房，不同的房型面对的客户群体不一样。为了满足不同需求的客户，酒店还会根据房间的装修档次将房间划分为不同的等级，如标准间、高级间、豪华间等，以不同价格进行销售。

酒店的四大核心功能为宿、食、娱、聚。客房是满足客人住宿需求的核心要素，其中，大床房是酒店客房的主要盈利产品，是接待商务客人、度假客人的主要产品；双床房和多床房是酒店接待团队、会议、家庭客人的主要产品；而套房则是酒店针对有较高配置需求的客人提供的产品。

（一）客户敏感点

客户敏感点是客户的需求所在，是客户购买产品的理由。无论是产品的提供部门还是产品的营销部门，只有从客户敏感点角度去打造产品和宣传产品，才能吸引客户，让客户选择你的产品。

客房产品的客户敏感点主要包括以下几点。

（1）床的舒适度：床的宽度、床的高度、床的包裹感、床垫的软硬度，双人睡不会因为一人翻身影响另外一个人。

（2）客房的温度：空调制冷和制热效果。

（3）整体清洁卫生质量：客房内特别是床铺和卫生间卫生、防疫和消毒措施。

（4）布草棉织品的质量：床上棉织品（床单、枕芯、枕套、被芯、被套及床衬垫等）及卫生间针织用品（浴巾、浴衣、毛巾等）的舒适度和柔软度（纱支支数、纱支密度）。

（5）安静的环境：隔音效果好，客房内自有设备无噪声。

（6）窗帘的遮光效果：遮挡效果好，光线和视线可完全遮挡。

（7）浴室上下水：上水出水温度适宜，水量大，淋在身上有压力畅爽感；下水通畅，没有异味。

（8）电源插座和充电口：电源插座以及充电口的数量充足且方便使用，床头柜处须有插座，写字桌处插座数量充足且不需要拔插电器。

（9）网络和多媒体支持：Wi-Fi、VOD 及多媒体信息服务网络。

（10）智能化设备：智能控制（空调/灯光/窗帘/电视）、智能硬件（马桶/镜子/门锁）。

（11）智能客服：智能 AI 语音客服/迎宾送物机器人。

（12）合适的空间：床和墙壁之间空间距离合适、家具体积合理。

对于双人房，客户敏感点除上述外，还有以下几点。

(1)房间灯光控制系统的区分。
(2)客房用品用具的区分,包括拖鞋颜色和牙刷颜色。
(3)可能条件下的卫生间双台盆。
(4)可能条件下的足够大的行李及衣帽存放空间。

对于套房,客户敏感点还有以下两点
(1)客用品与标准客房的差异化配置。
(2)会客空间。

(二)产品和服务要素

产品和服务要素是客户的体验内容,是影响客户满意度的关键所在。无论是产品的提供部门还是产品的营销部门,都需要在策划产品的时候,从客户体验的角度进行设计。

酒店客房的产品和服务要素主要包括以下几点。
(1)清洁服务:每日客房清洁服务。
(2)洗衣服务:优惠的洗涤价格、优秀的洗涤质量和较快的洗涤速度。
(3)床上用品:床垫软硬度合适、多样化的枕头菜单,以及环保和卫生程度。
(4)客用品和卫浴织品:品质高、使用方便、气味色泽令人舒适。
(5)高速上网条件:易于连接、网速快且稳定、客房内 Wi-Fi 全覆盖。
(6)卫生间和淋浴间:干湿分离、功能性浴缸、智能马桶、套房有单独的客用卫生间。
(7)家具和软装:整体风格、家具和软装的艺术感和文化内涵。
(8)送餐服务:本地特色的餐单、合理的价格、送餐速度、菜品保温状况。
(9)夜床服务:特色夜床礼品、助眠食品和饮品、助眠香氛等。
(10)特色服务:枕头菜单、VIP 服务等。
(11)智能化:物联网智能客控、智能设备、智能客服。

(三)差异化卖点

在越来越多的产品出现同质化的当代,寻求独特的差异化卖点(USP,Unique Selling Point)已经成为酒店获得竞争优势的必备武器,也是进行营销宣传的重点。

酒店客房产品可从以下几方面打造差异化卖点。
(1)人情化、个性化的服务。
(2)独具风格的客房设计和布置。
(3)智能客控、智能客服、智能硬件。
(4)网络和多媒体的支持。
(5)高品质的床上用品。
(6)卫生间和淋浴间的设施以及品质。

三、酒店餐饮产品的认知

(一)酒店餐饮产品的分析

一个全服务式酒店通常提供不同类型、不同风味、不同就餐形式的餐厅供客人选择。客人可以根据需要选择到零点餐厅或包厢消费,也可以在酒店举办规模不等的各种宴请和宴会活动。

零点餐厅即点菜餐厅,是指按客人的个人口味自行点菜、按数结账、自行付款的餐厅,是酒店为小规模、非正式、非主题性就餐客人提供的就餐环境,是酒店辅助性及功能性配套。俗话说,民以食为天,但"食"可以分为三种需求:吃饱、吃好、吃得有情调。在高档酒店,零点餐厅要满足客人吃得有情调的需求。

包厢是酒店为需要独立就餐环境的客人提供的就餐服务场所,是酒店餐饮水平的主要体现。在包厢就餐的客人主要有两类:一类是公务或商务宴请,另一类是私人宴请。公务或商务宴请类包厢是酒店为需要独立就餐环境的商务或公务客人提供就餐服务的场所,由组织或者酒店支付费用,通常按组织既定的人均标准消费制定菜单内容。私人宴请类包厢是酒店为需要独立就餐环境的客人用于招待其亲朋好友而提供就餐服务的场所。

包厢产品和服务是酒店餐饮水平的主要体现。包厢客人是酒店餐饮销售的重要客户,服务好包厢客人既能体现出酒店的服务档次,又能反映服务人员的综合素质,对于酒店的经济效益有重要影响。

客户敏感点是客户的需求所在,是客户购买产品的理由。无论是产品的提供部门还是产品的营销部门,只有从客户敏感点角度去打造产品和宣传产品,才能吸引客户,让客户选择其产品。对于酒店的餐厅,客户的敏感点有以下几点。

(1)食材:新鲜度、种类。

(2)卫生:食品卫生、就餐环境整洁卫生。

(3)菜肴:时令菜肴,应季上新。

(4)摆盘:菜肴摆盘美观、颜值高。

(5)就餐环境:就餐场所、装饰布置、光线条件、就餐气氛。

(6)专业服务:满足客人的定制需求、上菜速度快。

(7)口味:味道正宗,冷盆要冷、热菜要热。

产品和服务要素是客户的体验内容,是影响客户满意度的关键所在。无论是产品的提供部门还是产品的营销部门,都需要在策划产品的时候,从客户体验的角度进行设计。酒店餐厅的产品和服务要素如下。

(1)烹饪技艺:色、香、味、形、气、皿、声、演是否能够给客人带来传播和分享的价值。

(2)食材与饮品:正牌酒精饮料、时令果蔬饮料、无酒精饮料、季节性菜肴、菜单菜品的供应保障。

(3)餐厅服务:服务专业、对客友好、工作积极、就餐准时。

(4)就餐环境:照明、温度、装饰、整洁、布局、器皿。

(5)菜肴推荐:菜单展示、厨师长推荐、点菜服务。

(6)价值感知:定价、性价比、产品打包。

(7)餐厅定位:特色餐厅、主题餐厅、风味餐厅。

对于酒店餐厅的推广宣传,可从以下几方面突出差异化卖点。

(1)节事安排。

(2)餐厅定位。

(3)烹饪技艺。
(4)就餐环境。
(5)产品打包。
(6)性价比。
(7)特价菜肴。
(8)就餐时间。
(9)特色服务。
(10)饮品食材。
(11)季节性菜肴推广。
(12)厨师长推荐。

(二)常见的酒店餐饮产品

1. 自助餐

酒店餐厅会为客人提供不同类型的就餐形式,其中广受人们欢迎的是酒店的自助餐。自助餐是为客人提供的可根据各自需要选择菜品、饮品的就餐形式,是酒店重要的辅助性功能和服务。自助餐特别适合酒店不同餐饮偏好的客人,具有极大的就餐方便性,随到随吃,可聚可分,选择性强,时间可长可短。自助餐的就餐场地灵活性大,就餐规模可变性强。自助餐的就餐场地可以是固定的自助餐厅,也可以是多功能厅,或者户外合适的场地。自助餐按时间维度划分可以分为自助早餐、自助午餐、早午自助餐和自助晚餐,其中早午自助餐一般是在周末。按其他特点划分的话可以将自助餐分为半自助餐、团队自助餐和主题自助餐。高星级酒店的自助餐产品除面向住店客户外,本地餐饮客户也是重要的消费客群。

2. 下午茶

酒店餐厅还在不同时间段为客人提供不同的餐饮产品。随着人们对美好生活的追求,高端酒店和餐饮的下午茶市场开始受到追求精致生活的都市人群青睐。下午茶是高端酒店和餐饮酒店面对有钱有闲有情调的人群及商务客人,利用酒店和餐厅特有环境资源作为高端交际场地,在午餐及晚餐间隙,提供茶水、特色饮品、特色糕点的服务。对于目标受众来说,下午茶是一种都市型精致生活方式的体现,是满足特定人群"时光消费"的产品服务。他们所消费的不是饮品和食品,而是环境、服务和情调,追求的是一种精神层面的满足感。下午茶让都市人群能够用一种恰如其分的生活方式表达对美好生活的向往。对于高端酒店和高端餐饮商家来说,下午茶可以体现酒店的定位和品质,是体现酒店客户群体品味的产品和服务。下午茶是一种小众产品,但也是商家争取高端客源的"明星"产品。

3. 美食节

美食节是酒店常见的餐饮活动产品,它是高端酒店根据季节变化、酒店自身的烹饪能力或第三方合作伙伴的烹饪能力,向客人提供酒店正常餐饮服务以外的带有主题性质的特别餐饮产品的活动安排。高端酒店举办美食节必须以当地酒店较少提供的餐品种类和正宗风味为主要特色,来满足客人尝新、尝鲜或忆旧的需求。酒店通过举办美食节可以提升酒店在社会上的餐饮影响力,并且可以将在美食节期间有特色、深受好评的菜肴引进酒店，以丰富酒店的餐品种类。

4. 宴会

酒店餐饮的另外一个重要产品就是各类的宴会。从出生到终老，不同的人生阶段可以分成不同主题的宴会，如出生宴、满月宴、百日宴、生日宴、婚宴等。其中，婚宴和生日宴是人们在酒店餐厅主要的消费产品。

1) 婚宴

婚宴是酒店餐饮的主要收入来源，主要售卖的不仅是食品原料成本，还是空间以及空间给人的感觉。婚宴是酒店打造知名度和美誉度的重要产品之一，婚宴售价高低根据酒店品牌及产品环境质量而定。出于中国人的传统，黄道吉日的婚宴往往需要提前很长时间预订，因此，酒店婚宴市场竞争激烈。一场好的婚礼往往是酒店和婚庆公司有效配合的结果。

酒店婚宴可以分为三种类型：中式婚宴、西式婚宴和户外婚宴。中式婚宴指的是按当地风俗布置和举行的婚宴及仪式，其特点在于喜庆和吉祥的氛围（包括音乐、色彩、造型、图片等方面）以及要有很好的口彩效果（如菜品名称、桌面布置、舞台布置）。中式婚宴又包括三种主题形式：一是热烈喜庆、接地气的明清婚宴，二是大气庄严、仪式感强的汉唐婚宴，三是新颖国潮，有文化内涵的新中式婚宴。西式婚宴指的是按西式礼仪和氛围布置的婚宴及仪式，其特点是典雅、大气和庄重的氛围（包括音乐、色彩、造型、图片等方面）。户外婚宴指的是在酒店优美的户外环境中举行仪式的婚礼，户外婚宴既可以是酒店的卖点又可以是盈利点，能降低室内婚宴现场的布置要求，但户外婚宴对环境、天气和季节要求很高。

2) 生日宴

生日宴是以个人生日为名的亲朋好友间相聚的宴会，是寄予美好祝愿及增加亲情和友情的一种形式。生日宴是酒店餐饮的补充，特别是增加包厢非高出租率时段的消费。生日宴的核心不是菜品和价格，而是宴会的气氛，以及能够增加亲情和友情的环境、内容和设计，还有带给人们美好记忆的产品和服务。

四、酒店会议产品的认知

(一) 酒店会议产品的定义和类型

在酒店，会议室可以容纳较多人，举行会议、发布会、年会、培训会、报告会、演示会、宴会，以及集中餐饮的场地。酒店会议产品面对的市场是一个高度细分的市场，可以按照与会者规模分为 60 人以下会议、60—200 人会议、201—600 人会议、600 人以上会议；可以按照会议组织者分为酒店会议、事业单位会议、协会会议、政府会议、业主系统内会议、国际会议；还可以按会议类型分为外部会议（如产品推介会、研讨会、产品订货会、新闻发布会、拍卖会）和内部会议（如培训会议、团拜会）。

会议产品是衡量酒店服务接待能力和市场定位的标志，对酒店的综合收入贡献很大。

(二)酒店会议产品的客户敏感点

客户敏感点是客户的需求所在,是客户购买产品的理由。无论是产品的提供部门还是产品的营销部门,只有从客户敏感点角度去打造产品和宣传产品,才能吸引客户,让客户选择你的产品。针对酒店会议产品,客户敏感点如下。

(1)符合要求的会议台型和会议设施:空间、台型、停车场、弱电设备、视听器材、网络带宽全覆盖、设施设备的完好性。

(2)专业的会议服务:会议顾问、专人跟会、现场会议服务人员、弱电专业人员及时可靠的服务、为会务需求变化要求提供及时性服务。

(3)能够确保会议活动安排的连贯性:是否可以安排所有参会人员住宿;是否可以保证在一个会议室开会,会议期间不会转场;会议后可以马上转到餐厅用餐;如果是大型会议,主会场和分会场的距离要近,或者会议后可以马上到不同的会议室分组讨论;如果有需要,可以提供独立的展览空间。

(4)会议餐饮服务:提供多种就餐形式,如分位、自助、团餐等;就餐时间根据会议长短即时调整;提供多样性风味(中式、西式等);安排会场用餐动线(参会人员到餐厅的移动路线是否合理)。

(三)酒店会议产品和服务的要素

产品和服务要素是客户的体验内容,是影响客户满意度的关键所在。无论是产品的提供部门还是产品的营销部门,都需要在策划产品的时候,从客户体验的角度进行设计。

针对酒店会议,产品和服务要素可以按照会前、会中和会后汇总如下。

1.会前服务

(1)会议签到区域安排:位置和面积、签到时间、签到台、办公设备、服务人员、装饰(易拉宝、签到板、背景板、鲜花、指引牌等)。

(2)会场前室布置安排:背景板、签到板、签到台、茶歇、广告区、展览区、鸡尾酒会、游艺区、礼品区、衣帽间、充电区、打印区、摄影区。

(3)会场和会议物料的准备:台型(课桌式、剧院式、U形、宴会等)及会场布置(背景板、展板、桌椅、讲台、会议桌面布置等)。

(4)工程技术设施设备的准备:包括影音设备、办公设备、记录设备、灯光设备、翻译设备、特殊设备(如舞台效果、投票设备)等。

(5)会议合同签署:包括会议时间、产品及服务要求、价格、押金要求、付款方式、取消政策、账单处理方式、违约责任、联系人、签单授权人和签字样本、会议服务接待方案。

2.会中服务

(1)会议现场服务:人员引导、工程人员的全程跟进、会务服务(茶水服务、毛巾服务)。

(2)茶歇服务:简单茶歇(饮品为主)、标准茶歇(饮品、糕点、水果)、特色茶歇(突出本地特色)、主题茶歇(主题布置、环境渲染、主题食材、现场才艺表演、现场食材烹饪)。

(3)餐饮服务:围餐、自助餐、西餐或套餐。
(4)客房服务:叫醒服务、VIP服务。
(5)休闲活动安排:丰富参会者会议期间的生活。

3.会后服务

(1)账务处理和发票开具。
(2)意见征询。
(3)对会议组织者的感谢。

(四)酒店会议产品的差异化卖点

针对酒店会议产品,差异化卖点可以考虑以下几点。
(1)酒店品牌。
(2)会场装修档次。
(3)会场设施设备的先进性。
(4)会议室规模、数量和面积大小。
(5)会议菜品质量和口味。
(6)会议产品组合的附加值。

五、酒店康体娱乐产品的认知

康体娱乐产品(简称康乐产品)是酒店为客户提供的运动休闲类产品和服务,是酒店为住店客户提供的配套性服务和产品,也可以吸引本地客户到店消费。康乐产品是现代高端酒店必须配套的服务和产品。常见的康乐产品有健身、游泳、球类运动、洗浴、棋牌等。下面以全服务式酒店大多配套的健身房为例来分析客户敏感点和差异化卖点。

(一)酒店健身房的客户敏感点

客户敏感点是客户的需求所在,是客户购买产品的理由。无论是产品的提供部门还是产品的营销部门,只有从客户敏感点角度去打造产品和宣传产品,才能吸引客户,让客户选择你的产品。针对酒店健身房,客户敏感点如下。

(1)健身房的开放时间。
(2)健身设施设备齐全。
(3)设备器械的品牌档次和完好度。
(4)健身房的环境和景观。
(5)健身房的装修和档次。
(6)健身房的室温、面积、空间高低以及清洁度。
(7)专业教练辅导和课程。
(8)性价比。
(9)停车便利性。

(10)私密性。

(二)酒店健身房的产品和服务要素

产品和服务要素是客户的体验内容,是影响客户满意度的关键所在。无论是产品的提供部门还是产品的营销部门,都需要在策划产品的时候,从客户体验的角度进行设计。针对酒店健身房,其产品和服务要素如下。

(1)建设器械:品牌、种类、质量和数量。
(2)场地舒适度:空间布局、视觉感官、室温、空气流通、光照度、室外景观。
(3)视听设备:电视节目、音乐。
(4)网络设备:Wi-Fi。
(5)专业教练和课程。
(6)体能评估、健康管理、健身食谱建议。
(7)更衣室、布草、饮水机等。
(8)运动服装的购买或租赁。
(9)健身房会员制和会员卡:次卡、月卡、季卡、年卡、储值卡、优惠卡,以及不同产品的组合和套票。

(三)酒店健身房的差异化卖点

针对酒店健身房,其差异化卖点如下。
(1)功能区域的完整性。
(2)设施设备的档次。
(3)教练与课程。
(4)独特的景观。
(5)私密性。
(6)性价比。

六、酒店礼品和商品的认知

高档酒店主要是为消费者提供客房和餐饮服务,但消费者的需求不仅仅局限于此。如果消费者对酒店的品牌和品质高度认可和信赖,就可以从主要产品中延伸更多的潜在消费。比如,高档酒店提供的可随身携带的具有酒店特色或当地特色的产品、用品和纪念品也会受到酒店忠诚客户的青睐,甚至将其作为有价值的礼物馈赠亲朋好友。

高端酒店能够为消费者提供应节礼品(如新年大礼包、端午粽子礼包、中秋月饼礼包等)、应季生鲜食品(如野蔬、大闸蟹、盆菜等)、生活化用品(如客房用品、康乐场所用品、美食及酒水等)以及代销第三方特色产品(如当地特产、景区门票、旅行用品等)来满足其送礼、自用等不同需求。酒店如果有一定的品牌知名度,且能够根据季节和节事时段提供有特色和差异化的礼品特产,则会受到消费者的欢迎。作为馈赠亲友的特色礼品,传统的方式是馈赠实物,但随着社交场景多样化和电子礼品券的流行,通过在线的方式购买礼品券,再转赠他人的社交行为在这些随着互联网成长起来的"千禧一代"的消费群体中越来越受到欢迎。

高星级酒店的中秋月饼就是酒店为消费者提供的具有酒店特色或当地特色的月饼礼盒。

(一)酒店月饼产品的客户敏感点

客户敏感点是客户的需求所在,是客户购买产品的理由。无论是产品的提供部门还是产品的营销部门,只有从客户敏感点角度去打造产品和宣传产品,才能吸引客户,让客户选择你的产品。对于酒店月饼产品,客户敏感点如下。

(1)品牌知名度和美誉度。
(2)月饼的品种、口味、内容组合。
(3)月饼包装盒的颜值。
(4)月饼的主题和文化内涵。
(5)月饼配送的方式和便捷性。
(6)月饼转赠送、转寄送的方式和服务。
(7)月饼折扣(券)。

(二)酒店月饼产品的要素

产品和服务要素是客户的体验内容,是影响客户满意度的关键所在。无论是产品的提供部门还是产品的营销部门,都需要在策划产品的时候,从客户体验的角度进行设计。对于酒店月饼产品,其产品和服务要素如下。

(1)月饼礼盒。
(2)月饼品类和礼品组合。
(3)月饼品质(新鲜度、口感、是否正宗、材料、制作工艺等)。
(4)月饼的文化内涵。
(5)月饼券:纸质券、电子券。
(6)月饼的提货和配送。

(三)酒店月饼产品的差异化卖点

客人购买中秋月饼不仅仅是自用,通常还有送礼的需求,所以酒店月饼产品的差异化卖点如下。

(1)月饼礼盒的特色设计。
(2)月饼盒内月饼品种以及配套组合商品的特色。
(3)月饼主题文化的独有性。
(4)月饼(券)自用、转赠、配送的便捷性。

任务二 酒店产品组合和产品打包

任务描述

通过对酒店产品组合和产品打包的学习，熟悉酒店产品组合的属性与特征，为更好地学习数字营销打下牢固的基础。为什么具有相同档次、相同产品结构、相同地理位置的酒店在产品销售方面会有很大差异呢？这主要取决于市场营销团队是否能够贯彻以客户需求为导向的思维方式进行产品组合、产品打包以及销售。此外，在不同的客户接触场景也需要制定不同的策略，例如酒店前台的交叉销售、向上销售策略。

一、产品打包

酒店在进行产品设计的时候，需要将不同的产品进行打包，使得打包后的产品具有高性价比，从而促进转化。此外，产品打包策略还有利于避免价格战和渠道冲突。成功打包产品，往往需要考虑以下因素。

（1）以一个核心产品为主，辅以相关联的产品和服务，但打包的辅助产品一般以售价高而成本低的产品和服务为主。在酒店业打包产品中，客房、棋牌室、桑拿、会议场地使用时间、自助餐、积分、优惠券以及对客户的礼遇都可以作为产品打包的辅助产品。

（2）要以客户需求为导向，针对不同的细分市场，充分考虑产品和客户需求之间的匹配性和合理性，采用不同的产品进行打包。例如，曾经有酒店针对本地市场推出周末套票，含一张自助晚餐券、一次下午茶和一次健身中心体验券，其中自助晚餐是核心产品。这个打包产品在关联性和合理性方面都出现了问题，因为健身和丰盛的晚餐之间、下午茶和自助晚餐之间都存在匹配性和合理性的矛盾。

（3）打包产品要价格合理并且考虑效益最大化，理想的情况是客户可以用最优惠的价格买到需要的产品和服务，而酒店可以把闲置的产品和服务卖出去。

（4）产品打包设计要有一定的灵活性，以降低客户对消费不确定性的担忧。有统计表明，对于预售的包价产品，有15%的客户因为种种原因在有效期截止前没有进行消费。如果在进行产品打包时，允许客户在使用时对个别辅助打包产品进行调整，比如在使用时间上可以拆分使用，或在使用地域上可以跨区域使用，那么产品对客户的吸引力会更大。

（5）要对竞争对手的打包产品进行事先调研。产品打包的一个作用是将酒店自身和竞争对手区别开来，但如果不事先进行调研，就有可能会出现同质性产品组合。比如在圣诞节期间，酒店会推出圣诞套票，有一家酒店推出冰雪主题的圣诞晚餐，但销量不

拓展阅读
▼

产品组合和产品打包案例

理想。后来发现其原因是同城市另外一家同档次的酒店也推出了类似主题,并且进行了提前预售。

二、产品组合

产品组合是指酒店根据市场和客户需求对产品线和产品品类结构进行的搭配。产品组合和产品打包的目的不同,产品打包的目的是创造较高的性价比来吸引客户;而产品组合的目的是调整产品结构来实现营销目标。酒店在进行产品组合的时候,通常要考虑增加、修改、淘汰哪些产品(线)。

产品可以根据客户消费频次和定价分为高频高价、高频低价、低频高价和低频低价四种产品。在旅游业,周边游的产品比长线游的产品消费频次要高;在酒店业,餐饮产品比住房产品消费频次要高。高频低价产品有助于获取客户,因为高频次需求产品有利于吸引客户关注,而低价有助于降低客户的决策难度。低频高价产品对客户来说,属于重决策产品,利润高,频次低。因此在产品组合方面,可以考虑先通过高频低价产品引流、拉新;再通过低频高价产品获取利润,如图2-2所示。例如,酒店的健身次卡、工作套餐都是高频低价的产品,而健身年卡、生日宴属于低频高价的产品。酒店可以先用健身次卡、工作套餐这类高频低价产品完成对新客户的快速转化,然后再在合适的时间向客户推荐健身年卡和生日宴这类低频高价产品。

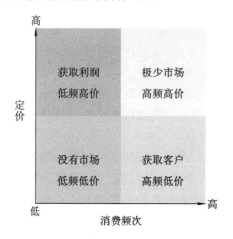

图2-2 按消费频次和定价的产品组合

三、交叉销售和向上销售设计

在移动互联网生态中,客户购买链条变得更短。酒店产品的销售并非仅仅局限在客户抵店前这个阶段,在住店中和离店后,通过场景的设计和接触点的刺激,营销可以做到在整个消费者旅程中无处不在。便捷的移动支付使得每一个接触点成为转化点,交叉销售(Cross-Selling)和向上销售(Up-Selling)的产品设计就变得非常重要。

(一)交叉销售

交叉销售是指对已经成功转化的客户在特定接触点上提供购买其他产品的建议,

并努力达成更多交易。交叉销售对酒店的好处显而易见,可以提升对客户"钱包份额"的占有,提升客户终身价值(Life Time Value,简称 LTV),提高每个客户的平均订单价值(Average Order Value,简称 AOV),增加客户留存率,增加收益,提高利润,以及获得更多的关于客户购买产品或服务的可能性的数据。

交叉销售的触点主要在两个阶段:产品购买阶段和服务体验阶段。产品购买阶段主要是指客户通过酒店自有渠道或平台购买产品的场景;服务体验阶段是指客户在酒店自己的经营场地内进行服务接触时的场景。在产品购买阶段,要根据客户购买后的使用场景,分析客户还有什么潜在需求。比如当客户预订了客房,应该有可能会需要餐饮服务;在服务体验阶段,要根据客户在服务场所的体验,分析客户的潜在需求。在服务场所,客户通常对消费金额变得不如订购阶段敏感。这个场景过往通常是面对面销售完成的,效果取决于服务人员的销售技巧、销售态度和口才,而现在可以借助技术手段在场景中对客户进行连接、数据采集和分析,然后运用营销自动化工具向合适的客户在合适的时间自动推荐合适的产品和服务。

交叉销售的产品可以是已购产品或者服务的附加品,又或者其他用以加强其原有功能或用途的产品或服务。这里的特定产品或者服务必须具有可延展性、关联性或者补充性。

在客户购买阶段,可以向客户推荐和其购买产品的使用风险及保障相关的产品,比如购买了旅游产品,推荐旅行保险;或者向客户推荐和产品使用有补充关系的产品,比如购买了客房产品,推荐餐饮产品。

在服务体验阶段,可以向准备开始服务体验的客户推荐搭配的产品和服务。比如客户在酒店前台办理入住的时候,向客户推荐一个包括客房在内的套餐,说明只需要支付多少金额就可以获得另外一个服务产品的使用券;也可以向正在进行产品体验的客户提供一些免费试用的服务,比如向订房的客户提供一张免费的菜肴体验券,吸引他们到餐厅进行更多的消费。

(二) 向上销售

向上销售是指向已经选择并正在购买某一特定产品或服务的客户,或已经购买但还没有开始体验的客户推荐该产品或服务的升级品。例如,对于预订了标准房的客户,在客户抵达酒店前向其推送消息,告知可以支付少量价格就升级到更高等级客房。向上销售的触点也主要集中在产品购买阶段和服务体验准备开始阶段。在产品购买阶段,根据客户购买后的产品,可向其推荐加价换购更高档次的产品,当然加价后的产品比直接购买要优惠。在服务体验准备开始阶段,可向客户推荐加价获得更高等级的服务。

如图 2-3 所示,航空公司在飞机起飞前,通过微信模板消息向已经订购了机票的乘客推送"139 元起享受升舱"的向上销售产品。

无论是交叉销售还是向上销售,都要注意避免在客户选择产品之前建议交叉或者向上销售,也要避免"轰炸"经历了多次交叉或者向上销售的客户,已经在某一个接触点交叉或者向上销售过的客户在下一个阶段则不用再针对同样的产品进行交叉或者向上销售。

图 2-3　向上销售的案例

实训任务一　酒店在线商城产品组合与促销

一、任务目的

本任务要求基于产品组合理论,以"先引流获客,再获取利润"为目的,完成高星级酒店在线商城的一个产品组合任务。通过该任务在数字营销系统的设置,学生能够:

(1)了解产品组合的概念以及和产品打包的区别。

(2)理解互联网运营中"高频低价引客户、低频高价做利润"的组合方法,并能够对酒店产品进行分析。

(3)掌握通过数字营销系统进行"先获客、再获利"的产品组合策划和系统设置。

二、任务描述

(一)任务背景

酒店在线商城是酒店通过官方网站、微信公众号、小程序销售酒店客房、餐饮、康乐产品、礼品等商品的自营店铺。在线商城的结构包括商品品类以及每一个品类下的商品。合理的商品品类以及商品组合,有助于在线商城的成功运营。

在微信公众号中,微信商城是最重要的营销工具,起着引流获客和实现收入增长的作用。在微信商城的运营初期,通过合适的营销活动获取客户,然后再通过合适的商品获取利润是主要的运营思路。

(二)学习重点

1. 产品组合的概念和方法

产品组合是在线商城运营成功的关键。产品组合是指酒店根据客户需求、自身产品特色、营销策略而对产品线和产品品类结构的配置。产品组合和产品打包的目的不同,产品打包的目的是创造较高的性价比来吸引客户;而产品组合的目的是调整产品结构来实现营销目标。酒店在进行产品组合的时候,通常要考虑增加、修改、淘汰哪些产品(线)。

产品可以根据客户消费频次和定价分为高频高价、高频低价、低频高价和低频低价四种产品。高频低价产品有助于获取客户,因为高频次需求产品有利于吸引客户关注,而低价有助于降低客户的决策难度。低频高价产品对客户来说,属于重决策产品,利润高,频次低。因此在产品组合方面,可以考虑先通过高频低价产品引流、拉新;再通过低频高价产品获取利润。高频打低频的本质是流量之争,客户之争。

2. 分析酒店中产品有哪些属于高频低价,哪些属于低频高价

高星级酒店的产品涵盖"睡、吃、娱、聚、购"这五大功能,为不同消费目的的客户提供了丰富的选择。正确区分高频高价、高频低价、低频高价和低频低价产品是酒店在数字营销中进行产品组合的必要技能。例如,面向本地客户的健身卡秒杀、面向本地商务客户的商务午餐秒杀都属于高频低价产品,对获取本地客户有帮助;而面向本地客户的康乐中心年卡、面向本地商务客户的会议打包产品属于低频高价产品,对获取利润有帮助。

三、任务书

某高星级酒店计划在下个月进行 9.9 元健身卡体验卡秒杀活动,目的是通过该活动吸引本地客人前来体验,从而进一步提高康乐中心年卡的销售量。

1. 健身房体验卡秒杀

(1)售价:9.9 元。

(2)活动形式:下个月每天固定时间限量 10 份秒杀。

(3)有效期:购买立即生效,有效期 30 天。

(4)包含内容:健身房体验 1 次。

2. 康乐中心年卡

(1)售价:9000 元。

(2)活动形式:即日起至 12 月 31 日。

(3)有效期:购买立即生效,有效期 365 天。

(4)包含内容:无限次使用室内游泳池、健身房、桑拿房等康乐中心设施。

四、任务工具

本任务所用的技术工具如下。
(1)卡券营销系统:用于相关卡券的各个要素设置。
(2)在线商城管理系统:用于商品的各个要素设置及上架。
(3)虚拟微信公众号、小程序:在设置卡券及商品后,通过模拟的前端网站页面进行卡券领取及商品购买体验。

五、任务实施步骤

(一)流程图

酒店在线商城产品的设置流程包含以下四大模块(见图2-4)。

产品管理 ⟶ 卡券批次管理 ⟶ 商品管理及商品型号管理 ⟶ 商品上架

图 2-4　酒店在线商城产品的设置流程

本实训以健身房体验卡秒杀为例进行设置说明。

(二)关键步骤

1. 产品管理

在产品管理中设置产品类别、标识和名称(见图2-5)。

图 2-5　产品管理

2. 卡券批次管理

在卡券批次管理中设置活动商品相关联的卡券信息,并关联已设置的产品,按实训要求对有效期、使用限制等条件进行设置(见图2-6)。

3. 商品管理及商品型号管理

在商品管理中设置活动商品的基本信息,并对活动形式、活动时间、购买数量限制

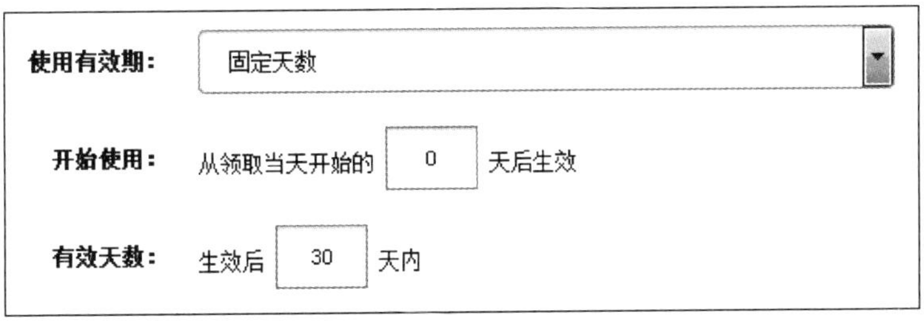

图 2-6　卡券批次管理——使用有效期的设置

等进行设置(见图 2-7)。

图 2-7　商品管理——活动形式及时间、购买数量限制的设置

接着对具体商品型号与价格进行设置,并关联卡券(见图 2-8 和图 2-9)。

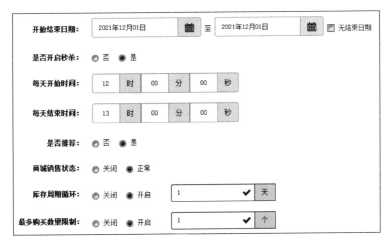

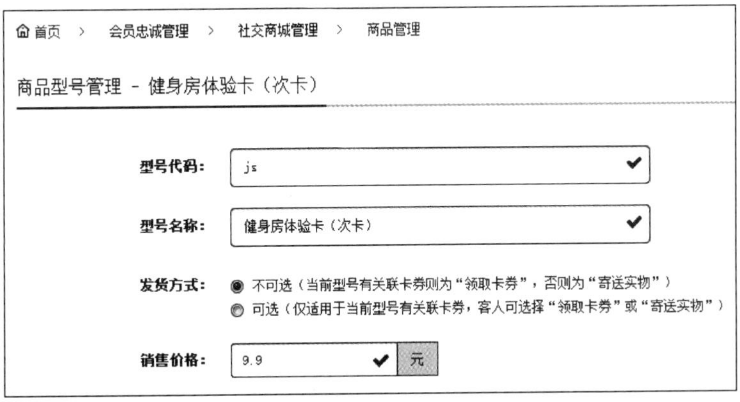

图 2-8　商品型号管理——型号与价格设置

用同样的方式设置实训中的另一个商品。

4. 商品上架

商品上架管理如图 2-10 所示。

图 2-9　商品型号管理——卡券关联

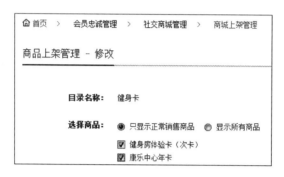

图 2-10　商品上架管理

六、任务注意事项

(1) 卡券类型的选择,有效期、使用限制的设置。
(2) 商品活动形式与时间、购买限制的设置。

七、任务完成结果与评价

(一)任务完成结果

(1) 在前端网站页面可以查阅实训任务中设置的商品。
(2) 在前端网站页面可以在活动时间购买已设置的商品,购买后可查看已关联的卡券;非活动时间无法购买有时间限制的商品。

(二)任务完成评价

(1) 能理解并说明学习重点中的几个概念。
(2) 前端网站页面展现的商品设置是否合理、能否区分活动时间和非活动时间的购买限制、商品内容是否具有吸引力。

八、任务拓展

(1) 通过收集其他酒店产品案例,分析还有哪些产品是属于高频低价、哪些属于低频高价。

(2)讨论如何进行产品的有效组合,帮助在线商城成功运营。

实训任务二 酒店打包产品——美食会员卡的策划

一、任务目的

本任务要求基于产品打包的相关理论,以高星级酒店的餐饮部门美食会员卡营销活动的开展为学习任务,通过数字营销系统进行整个任务的设置,以便学生能够:

(1)了解酒店产品打包的概念、意义和方法。

(2)理解电子券在酒店产品打包销售中的作用。

(3)掌握一种基于酒店在线商城系统的餐饮产品运营方法。

二、任务描述

(一)任务背景

餐厅是高星级酒店的主要利润来源,是酒店的"睡、吃、娱、聚、购"这五大核心功能之一,并能够反映酒店的档次及服务水平。高星级酒店的餐厅通常包括数量不一的中餐厅、西餐厅以及异国风情的餐厅,提供早餐、正餐、自助餐、下午茶等多种就餐选择。这些餐厅除了为住店客户提供餐饮服务,主要收入来源需要靠本地客户。高星级酒店在争取本地客户方面,往往面临社会餐饮的巨大挑战,因为社会餐饮具有比较高的性价比。如何吸引本地客户来餐厅消费并具有一定的忠诚度,是很多高星级酒店餐饮管理和营销人员一直致力于解决的问题。

为了吸引本地客户,很多高星级酒店会将不同的餐饮产品和消费权益进行打包,形成一个高性价比的打包产品,并以"美食会员卡"的名义对目标客户进行销售。客户以打包优惠价购买这个产品后,可以在打包产品的有效期内分次进行消费。餐厅也实现了提升客户回头率的目的。随着在线商城成为酒店的主要数字营销工具后,美食会员卡也从纸质凭证的形式走向了数字化。

(二)学习重点

1.产品打包

产品打包是一种绑定销售的策略,即通过为目标客户提供高性价比的组合销售解决方案,以吸引客户购买。

2.美食会员卡

美食会员卡是为了满足目标客户不同消费场景的需求,为客户提供的一揽子、高性价比的餐饮消费计划。美食会员卡的内容通常包括消费权益、消费产品的种类和数量、消费金额、消费有效期和使用条款。

3.电子券

电子券是一种数字化的消费凭证,常用类型如下:

代金券——消费时可抵用部分金额;

消费券——按消费次数使用;

折扣券——消费时享受消费折扣。

美食会员卡中的消费内容和消费权益可以以电子券为载体,方便客户携带和使用,也有利于商家核销、统计和分析客户的消费行为。

三、任务书

位于开发区的某高星级商务酒店拥有西式自助餐厅、日本料理餐厅、扒房等餐饮设施,环境幽雅,餐饮出品备受赞誉。由于竞争日益激烈以及新冠疫情的影响,酒店餐饮收入下降较多。但酒店并不愿意通过直接降价的方式去吸引本地客户。为此,数字营销经理与餐厅部协商后,决定以店庆为契机,将多个餐饮产品打包成为一个具有高性价比的套票产品,并在微信商城进行在线销售,任务如下。

(1)商品名称:酒店店庆美食会员卡特惠。

(2)活动形式:线上销售。

(3)美食会员卡包含:自助海鲜晚餐券10张、休闲下午茶券8张、浪漫牛扒套餐券6张、日式餐厅8.8折的折扣券5张、中餐厅50元代金券20张。

(4)产品价格:2888.00元。

(5)有效期:购买之日起365天。

(6)上架时间:即日起至12月31日。

(7)产品数量:不限。

(8)活动规则:①所购美食卡券不能兑换现金;②美食卡一经购买恕不退还,但可转让或转赠他人;③就餐时请出示线上预订卡券。

四、任务工具

本任务所用的技术工具如下。

(1)卡券营销系统:用于相关卡券的各个要素设置。

(2)在线商城管理系统:用于商品的各个要素设置及上架。

(3)虚拟微信公众号、小程序:在设置卡券及商品后,通过模拟的前端网站页面进行卡券领取及商品购买体验。

五、任务实施步骤

(一)流程图

美食会员卡相关卡券及商品在在线商城系统的设置流程包含以下四大模块(见图2-11)。

产品管理 ⟶ 卡券批次管理 ⟶ 商品管理与商品型号设置 ⟶ 商品上架

图 2-11　设置流程

(二)关键步骤

1. 产品管理

在产品管理中设置相关产品的基础信息,包括产品类别、产品标识和产品名称(见图 2-12)。

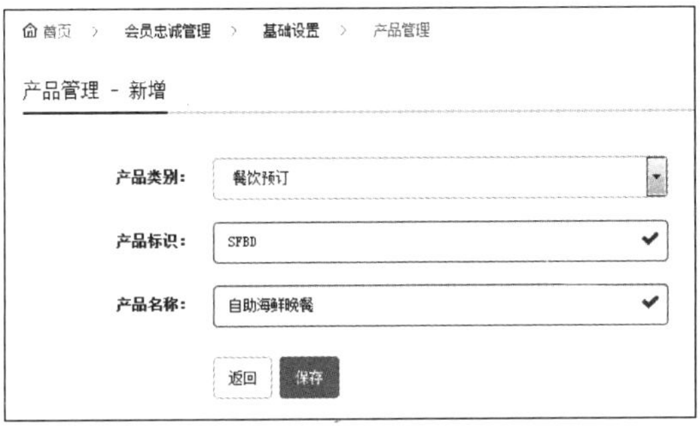

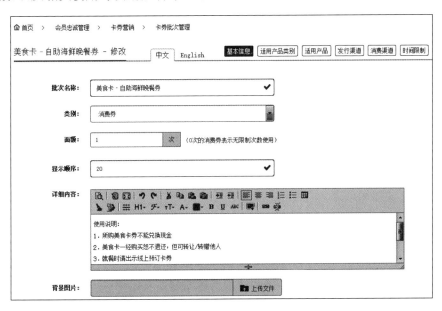

图 2-12　产品管理

2. 卡券批次管理

在卡券批次管理中设置各产品的卡券批次基础信息,包括类别、详细内容、最低适用金额,以及相关使用与核销限制等(见图 2-13 和图 2-14)。

图 2-13　卡券批次管理——基础信息编辑

设置完基础信息后,将卡券批次关联适用产品,并进一步设置发行渠道、消费渠道和时间限制等(见图 2-15)。

图 2-14 卡券批次管理——领取、使用限制

图 2-15 适用产品设置

3. 商品管理

在商品管理设置商品及商品型号，并关联相关卡券。

设置美食会员卡的商品基本信息，包括商品名称、商品简介、商品图片、商品说明等（见图 2-16）。

设置商品型号，详细设置该商品的销售价格、发货方式、是否可抵扣积分等，并关联相关的卡券（见图 2-17 和图 2-18）。

4. 商品上架

在商城上架管理中，将商品上架，开始进行销售（见图 2-19）。

后台设置完成后，即可在前端商城页面查看该商品并进行购买，购买成功后，可获得相应的电子卡券，客户凭着卡券可到店消费或赠送朋友使用。

六、实训任务注意事项

（1）卡券的类型选择。
（2）卡券及商品的有效期设置。

图 2-16　商品基本信息设置

图 2-17　商品型号管理

七、实训任务完成结果与评价

(一)任务完成结果

(1)在前端网站页面可以查阅实训任务中设置的商品。

(2)在前端网站页面可以完成实训任务所设置商品的购买,购买后可查看相关联的卡券。

图 2-18 卡券关联

图 2-19 商品上架管理

(二)任务完成评价

(1)能理解并说明学习重点中的几个概念。
(2)前端网站页面展现的商品设置是否合理,能否成功进行预订。

八、实训任务拓展

可进一步根据不同的场景设计更多的打包产品并进行设置。

九、实训报告

根据学习的过程,最后完成实训报告。

项目小结

　　这一项目的学习，让我们知道酒店的产品一般可以分为客房、餐饮、会议、康体娱乐等几类。此外，不少全服务式酒店还会制作应季的特产。那么，酒店营销人员所需要做的就是如何将这些具有"易逝性"的产品（如客房、会议场地等，都需要在特定时间消费，时间一过，产品也无法储存、转售和退回）尽快精准销售给有需求的目标客户。因此，需要从客户敏感点、产品和服务要素、差异化卖点等角度进行产品分析并组织营销推广内容，让目标客户快速感知产品的价值，这样才能有助于产品的销售。通过对酒店市场营销产品和客户知识的系统学习，学生能够更好地对数字营销进行宏观的规划。

项目三
酒店细分市场

 项目描述

任何一个酒店都不可能迎合所有消费者,只能专注于合适自己的利基市场甚至超细分市场。每一个细分市场都代表一群有相同或者类似需求的人群。曾任南京金陵酒店管理有限公司的总裁的陈雪明先生说过,中国酒店的任何细分市场都足够大,只要使自己的产品和服务能够满足某一特定细分市场的需求,并且做到极致,那酒店的经营就成功了。酒店需要根据自身所处的社会和自然环境、产品和服务能力选择细分市场,将具有相同需求、价值、偏好、特征或者行为的客户进行分类,以便提供针对性的产品和服务解决方案。酒店细分市场是客户关系互动管理的先决条件,它既是技术,也是艺术,是为了发现并确定目标市场,从而进行市场定位和制定市场营销组合策略。本项目通过对酒店客房细分市场、酒店餐饮细分市场和酒店会议细分市场的类型和定义的介绍,使学生能够针对酒店会员市场这一细分市场,从酒店客户忠诚计划设置的操作入手,完成项目的实训任务。

 项目目标

知识目标
1. 了解酒店客房细分市场的类型、定义和发展趋势。
2. 了解酒店餐饮细分市场的类型和定义。
3. 了解酒店会议细分市场的类型和定义。

能力目标
1. 掌握酒店细分市场的分类方法和定义。
2. 熟悉酒店客房细分市场、酒店餐饮细分市场、酒店会议细分市场的前沿问题。

素养目标
1. 树立以人为本的价值观。
2. 维护客户利益,提供有温度的服务。

知识导图

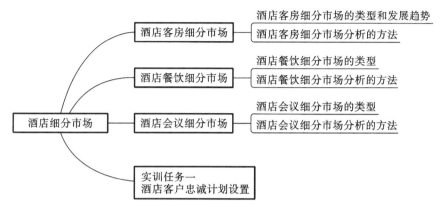

学习重点

全球新冠肺炎疫情对酒店业造成了严重的影响,市场客流下降、客房出租率下降、收益减少,酒店寻找新的市场迫在眉睫。本项目重点学习酒店客房细分市场、酒店餐饮的细分市场、酒店会议细分市场类型、定义和发展趋势,并针对市场变化开发新的产品。

项目引入

STP 理论的数字营销应用

任务一　酒店客房细分市场

任务描述

本任务旨在使学生了解酒店客房细分市场的类型和发展趋势,掌握酒店细分市场分析的方法。酒店客房的细分市场众多,本任务对酒店客房细分市场进行了系统梳理,对每一个细分市场进行了定义和分析,认为在酒店客房产品上,常见的细分市场有上门散客、本地公司客户、商务散客、会展散客、度假散客、观光散客、休闲散客、会员市场、奖励旅游、旅游团队、航空公司团队等。

一、酒店客房细分市场的类型和发展趋势

酒店客房细分市场的类型如下。

(1)上门散客,是指未在酒店预订而直接到前台办理入住手续并以客房消费为主要目的的客人。

(2)本地公司客户,是指20分钟车程以内的企业单位,是商务型酒店的主要客源。这类客户通常由专门部门按照预算和要求选择酒店,酒店通常与其公司进行谈判并签署了合作协议。

(3)商务散客,是指通过非协议渠道、以商务目的入住酒店的客人。这类客人对客房产品需求稳定,但随机性强。其来源渠道、入住天数以及在酒店的消费内容和金额都比较灵活。

(4)会展散客,是指因参加会议展览而到酒店消费的客人,入住时间根据会展时间长短而定,在酒店入住期间会有餐饮、康乐等综合性消费需求。

(5)度假散客,是指以酒店为目的地、以休憩疗养为目的、强调身心健康和享受高品质服务的一种酒店消费人群。此细分市场以酒店产品和服务为核心消费内容,并以日常生活的状态而进行的短期居住。酒店差异化产品、自然景观、自然气候和自然资源决定了酒店在此市场的吸引力。

(6)观光散客,是指以欣赏自然景观、风土人情为目的的酒店消费群体。此细分市场客人数量较多,但在酒店的消费单一,基本以客房为主,而且在酒店停留时间短。

(7)休闲散客,是指一般利用周末和节假日时间,以休闲、娱乐、放松和教育为目的的一种旅游活动和酒店消费。此细分市场客人以酒店及酒店周边的活动场所、景区为消费内容,酒店休闲娱乐产品的丰富性和周边文化旅游资源决定了酒店在此市场的吸引力。

(8)会员市场,是指对酒店产品和服务有一定认知和认可,以加入酒店贵宾计划的

形式与酒店建立信息联系的消费群体。

(9)奖励旅游,是指由企业支付,以奖励对企业做出贡献人员的旅游活动。此类细分市场的客人通常是有较多人销售其产品的企业机构。

(10)旅游团队,是指通过旅游服务商组织的,并且以观光为目的,在酒店消费的团队客人。

(11)航空公司团队,是指通过航空公司组织的,在机组休息、航班延误和航班中转的时候统一安排的客人和团队。

虽然每一个酒店在筹建的时候就会确定其主要的细分市场。但由于市场环境变化太快,一个酒店的细分市场并不是一成不变的。比如新冠肺炎疫情对酒店业造成了严重的冲击,商务和会展市场客流急剧下降,即便是商务型酒店也需要寻找新的细分市场;而位于旅游目的地的高档商务型酒店逆势而上,面向休闲市场推出都市休闲产品,受到中产阶层的青睐。

根据《经济学人》杂志的报告,中国中产阶层人数已经从20世纪90年代的几乎为零,增长到2016年的2.25亿人。《麦肯锡中国消费者调查报告》以及CBNData发布的《2017中国家庭场景互联网消费洞察报告》显示:健康、个性、家庭和体验并重的生活方式是新中产阶层生活的新趋势,而到2020年,中国消费总量增长的81%来自新中产阶层。随着新中产阶层人数的增加,休闲市场和度假市场对于高星级酒店来说将越来越重要。即便是对于以商务市场为主的城市商务酒店,周末和节假日到酒店消费也成为很多消费者选择的生活方式,而且多层次、多元化、个性化的休闲游、度假游将是日益壮大的新中产阶层的首选。

从以上描述中可以看出,观光、休闲和度假是三个不同的细分市场。

观光市场是以欣赏自然和人文风光为主要目的的客源市场。

休闲市场是以娱乐、放松和教育为主要目的的客源市场。

度假市场是以休憩疗养、度假放松为主要目的的客源市场。

在人均可支配收入为2000—3000美元的阶段,以观光目的的客源为主;在人均可支配收入为3000—5000美元的阶段,休闲市场蓬勃发展;在人均可支配收入为5000美元以上的时候,度假市场需求旺盛。

根据国家统计局的数据,2021年,全国居民人均可支配收入35128元(约5000美元),其中,城镇居民人均可支配收入47412元(约7000美元)。因此,休闲和度假市场开始成为酒店营销的重点市场。

和观光市场不一样,休闲和度假市场的客人有一定的复购率,前提是酒店的产品和服务得到休闲和度假客人的认可,并且产品和营销活动针对目标市场时有创新。网络传播和口碑营销方法对于这两个细分市场的重要性日益突出。

休闲和度假市场的客源大部分都是非公务消费。由于消费者所处的年龄阶段、人生阶段不同,出游动机不同,休闲和度假市场可以进一步进行市场细分,几个主要的细分维度如下。

(1)根据动机细分,如亲子市场、情侣市场、养生市场等。

(2)根据兴趣细分,如美食体验、民俗文化体验、摄影之旅、购物之旅等。

(3)根据地域细分,如本地、周边(自驾车程2小时内)、外地。

对按照动机细分休闲和度假市场而言,亲子市场、情侣市场是主要的消费群体,客源以本地和周边为主,如果酒店在产品组合方面不断创新,复购率会比较高。

对按照兴趣细分休闲和度假市场而言,这需要酒店自身条件以及周边旅游文化资源条件能够满足特定兴趣的消费者。

对目标市场为休闲和度假客源的酒店而言,外地的客源群体由于交通、时间等因素,消费频次会很低,预订多是通过OTA或者当地朋友推荐。

二、酒店客房细分市场分析的方法

酒店一旦选定其细分市场,就需要对细分市场进行分析,以便制定市场营销组合,提供针对性的产品和服务。对于一个细分市场的分析,可以从其特点、客户敏感点、产品和服务要求这几个方面进行。下面以休闲市场中的一个超细分市场——亲子游市场为例进行分析,内容如下。

(一)细分市场特点

亲子游市场通常是指集亲情、教育、体验、休闲等于一体,以家庭为单位,注重合家欢的休闲旅游群体市场。亲子游市场是以2—12岁儿童为主客群,25—45岁家长为辅助客群,是周末、节假日和寒暑假时期酒店及旅游景点的主流市场。

根据有关调研数据,亲子游市场的客群构成以小家庭为单位,约60%的家庭为一家三口或一家四口出行,超过11%的客户是多家庭结伴出行。虽然家庭收入不同,但在年收入为10万到100万元的家庭中约有60%的家庭参加过亲子活动。90%为一孩家庭,不过二孩家庭出游比例增长迅速(见图3-1)。

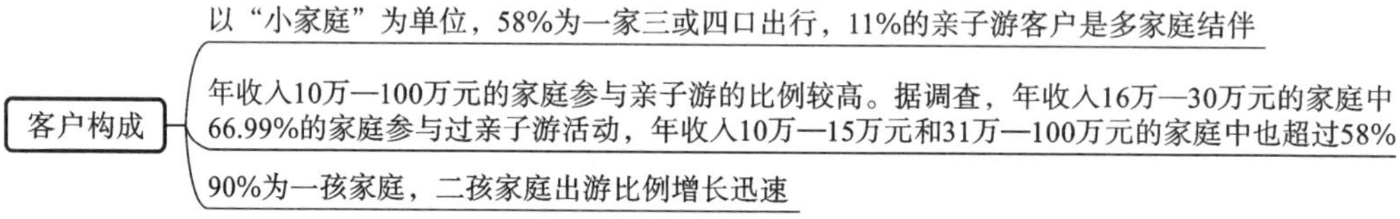

```
                以"小家庭"为单位,58%为一家三或四口出行,11%的亲子游客户是多家庭结伴
客户构成  ——  年收入10万—100万元的家庭参与亲子游的比例较高。据调查,年收入16万—30万元的家庭中
                66.99%的家庭参与过亲子游活动,年收入10万—15万元和31万—100万元的家庭中也超过58%
                90%为一孩家庭,二孩家庭出游比例增长迅速
```

图3-1 亲子游市场客户构成

不同年龄段的孩子的需求是不同的。学龄前儿童在好奇阶段,以手工DIY、亲子互动为主;学龄儿童则以互动体验性活动为主,科普、自然课程、户外活动比较受欢迎。

亲子游市场以小家庭为单位,因此,自由行和自驾成了主要的出行方式。时间安排是出行的关键因素,假期碎片化使得亲子游消费者更倾向周边旅游。约70%的女性喜欢结伴出游,这样既可以让孩子有玩伴,又能给自己一个放松的机会。这些客户对价格不是很敏感,舍得在酒店上花钱,同时看中酒店的餐饮、游乐等设施,以及服务质量和酒店与儿童入住相关的政策(见图3-2)。

(二)细分市场的客户敏感点

在亲子游市场的营销中,知道了市场和用户特点,营销人员需要进一步了解细分市场的客户敏感点,这是制定产品营销策略的核心。亲子游市场的客户敏感点总结如下。

```
                ┌─ 以自由行和自驾游为主
                │
                │  假期碎片化使得亲子游消费者更倾向周边旅游,占比超过60%。出游精力有限,周边游
                │  对二孩家庭吸引力大
                │
                │  出游家庭中93%的家庭选择自助游或半自助游
  ┌─────┐       │
  │客户行为├──────┤  更舍得在酒店上花钱,看重酒店的餐饮、游乐设施和服务质量
  └─────┘       │
                │  约70%的女性喜欢结伴出游,这样既可以让孩子有玩伴,又能给自己一个放松的机会,
                │  带娃休闲两不误
                │
                │  对酒店价格不是很敏感
                │
                └─ 特别关注儿童设施与服务,以及与儿童入住相关的政策
```

图 3-2　亲子游市场客户行为

1. 安全需求

与儿童的娱乐设施、独立床铺、洗漱用品和洁具相比,家长们更关注的是安全问题等。

2. 房间需求

(1)房间面积要大:亲子游消费者携带的东西较多,要能够在客房中摊开放置。

(2)房间选择:根据有关统计,71%的亲子游消费者会选择一个房间入住,17%的会选择套房。在有老人同行的情况下,套房更受欢迎;当酒店套房资源不足时,63%的三代同行者会入住两个房间,如两个临近或对门房间,或者连通房。

3. 房型需求

(1)双床为主,如果带两个孩子出行,两个孩子睡觉能够互不影响。

(2)床一定要大,最好2米宽。

(3)最好有亲子床(1张大床,1张小床)。

(4)可以加婴儿床、单人床、帐篷等。

4. 餐饮需求

(1)早餐要含儿童早餐(尤其当孩子已经6岁以上)。

(2)提供午餐、晚餐。

5. 儿童设施

提供儿童娱乐设施。

6. 其他服务

(1)提供接送服务(机场至酒店、酒店至景点)。

(2)无限量提供矿泉水。

(3)提供洗衣服务。

(三)产品和服务要求

1. 产品要求

(1)亲子主题房间:

①酒店房间面积宽敞。

②含儿童喜欢的卡通主题软装设计,如海洋、森林、动物、童话、卡通人物等,使用符合标准的儿童洗漱用品、儿童浴袍、拖鞋、卡通抱枕等。

③提供儿童早餐(1份或2份儿童早餐)。
④房间内提供足量的纯净水。
⑤提供婴儿床、免费加床等服务。
⑥房间内含有儿童娱乐设施,如儿童玩具、儿童读物。
⑦酒店客房的可变性,如床型变化、提供连通房、室内帐篷、加床、沙发床。
⑧儿童活动和节目。
(2)儿童活动中心:
①考虑成人和儿童各自消费的选择性。
②儿童看护服务。
③不同年龄段的儿童组成不同的班次,有定制化课程。
2.服务要求
(1)仪式感:
①安排儿童欢迎礼。
②提供儿童照护。
③提供儿童参与活动证书,如厨师长亲笔签名的"酒店小厨师"证书。
④提供特制儿童主题背景用于家庭合影留念。
(2)亲子活动:
①组织寓教于乐的儿童活动。
②提供儿童游乐设施,如儿童图书馆、乐高。
③提供儿童泳池。
④提供儿童课程。
(3)亲子餐饮:
①进行产品的创新,如提供变身萌物的甜品点心、儿童自助餐台、定制的儿童套餐等。
②安排儿童参与互动性和娱乐性活动,家长可以放心就餐。
③提供能够举办亲子生日派对的场地。

任务二 酒店餐饮细分市场

任务描述

本任务旨在使学生了解酒店餐饮细分市场的类型和发展趋势。

一、酒店餐饮细分市场的类型

高星级酒店中提供各种形式的餐饮服务的场所包括零点餐厅、包厢(公务宴请、私人宴请)、自助餐台、酒吧、大堂吧、行政酒廊、宴会厅等。

餐饮市场是属于高度竞争的市场,客人可以选择的餐厅很多,酒店餐饮的目标客群主要有三类。第一类是位于酒店周围3千米范围内的本地人,选择餐厅的渠道主要是大众点评App、朋友推荐和社交媒体的影响。第二类是住店散客,他们一般在店内用早餐。但是对于正餐,大多数人认为要到外面才能体验到本地有特色的正宗美食。因此,要改变人们的刻板观念,酒店可以推出高颜值、具有本地特色的"必吃菜",并通过移动端向住店散客播放宣传内容。第三类是外地游客(取决于酒店及餐厅品牌的知名度和评价),他们主动来消费的原因就是"拔草"尝鲜。酒店吸引目标客群的有效方法是重视在大众点评的店铺装修和推广方式,努力提升其在商圈内的排名。

根据就餐客人目的不同,酒店餐饮的市场可以进一步细分如图3-3所示。

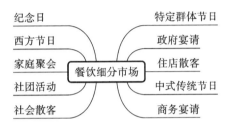

图3-3 餐饮细分市场

(1)住店散客餐饮市场,由住店散客在酒店的餐饮消费活动构成。

(2)社会散客餐饮市场,由社会散客在酒店的餐饮消费活动构成。

(3)政府宴请餐饮市场,由政府机构为了政务需要及相关交往,包括机构间来往、招商引资等,而举行的餐宴活动构成。该市场能体现一个酒店在当地市场上的地位和形象。

(4)商务宴请餐饮市场,由企事业单位为了特定目的而与合作伙伴举行的餐宴活动构成,是酒店餐饮包厢最主要的客户市场,能体现一个酒店在当地商务市场的地位和形象,也是考量一家酒店餐饮和服务品质的主要方面。

(5)家庭聚会餐饮市场,由亲戚和朋友之间的餐宴活动构成,以增加亲人、朋友间的联系和情感。它可以是有主题的,也可以是无主题的。高端酒店以有主题的为主,社会餐饮则以无主题的为主。

(6)社团活动餐饮市场,由某类社团非特定目的的聚餐活动构成,社团包括同学会、同乡会、老友会、复员军人会等。

(7)特定群体节日餐饮市场,由针对特定对象、特定日期、特定含义的餐宴活动构成。餐宴活动具有明显的主题色彩,形式大于内容。该市场是提升酒店餐饮市场形象和曝光率的重要途径。

(8)中式传统节日餐饮市场,由中式传统节日期间、以非公消费为主的酒店消费活动构成。每种消费活动都是以中式传统节日为主题而安排和提供产品服务的。酒店提供的产品和服务都具有地方的人文风俗和节日特色。

(9)西方节日餐饮市场,由中国酒店举办的针对西方特定节日的酒店主题活动构成。餐饮活动具有明显的主题色彩,是以主题自助餐为主要产品形式的餐饮聚会活动,形式大于内容,活动的卖点主要是内容的差异化和趣味化。

（10）纪念日餐饮市场，由以个人纪念日为名的亲朋好友间相聚的餐宴活动构成。餐饮是寄予美好祝愿，以及增加亲情和友情的一种形式。

二、酒店餐饮细分市场分析的方法

酒店一旦选定其餐饮细分市场，就需要对细分市场进行分析，以便制定市场营销组合，提供针对性的产品和服务。对于一个细分市场，可以从其特点、客户敏感点、产品和服务要求等几个方面进行详细的分析。下面以商务宴请细分市场为例进行分析，内容如下。

（一）细分市场特点

商务宴请细分市场是企事业单位为了特定目的而与合作伙伴举行的餐宴活动。商务宴请是体现酒店对客户的重视程度和业务关系程度的重要活动，因此是酒店餐饮包厢最主要的客户市场。酒店餐饮在该细分市场的竞争能力能体现一个酒店在当地商务市场的地位和形象，是考量一家酒店餐饮和服务质量的主要方面，以老客户消费为主。

（二）细分市场的客户敏感点

(1)客源所在区域：酒店所在地。
(2)消费时机选择：非周末及节假日。
(3)消费敏感点：
①酒店餐饮产品和服务品质的稳定性；
②菜品的创新和适当的菜式变化，如提供应季的新鲜食材；
③服务的规范性；
④根据客史档案（个人）提供相应的产品和服务；
⑤服务上给宴请者特别的尊重感，如服务员知晓其身份，非常了解老客户的饮食习惯，酒店主要管理者对重要客人当场问候和致意；
⑥保证包厢的可预订性，可以预留1—2间包厢至当天给老客户临时预订；
⑦服务要避免给商务宴请者拘束的感觉，可以提供无干扰服务。

（三）产品和服务要求

(1)提供让客户感觉到物有所值，甚至物超所值的产品和服务，具体包括：
①餐台的主题布置；
②菜单的特别安排和设计；
③餐饮品的特别制作；
④器皿的特别布置；
⑤环境的特别布置；
⑥赠送饮品和小纪念品；
⑦时令菜的提供。
(2)符合宴请者要求的应变能力。
(3)根据客户饮食习惯提供餐饮和服务，如为不同忌口、宗教信仰、消费偏好的客户提供个性化的餐饮和服务,满足客户特别服务要求。

(4)每次变更餐台和菜品的主题布置。

(5)停车方便。

任务三 酒店会议细分市场

任务描述

本任务旨在使学生了解酒店会议细分市场的类型和发展趋势,掌握酒店会议细分市场分析的方法。

一、酒店会议细分市场的类型

会议市场是高端酒店的主打市场,不但综合效益高,而且能够使酒店产生较大的市场影响力。但市场竞争激烈,对酒店营销能力要求高。酒店会议市场的细分可以按照会议规模、会议组织者、会议类型和会议产品组合细分如下(见图 3-4)。

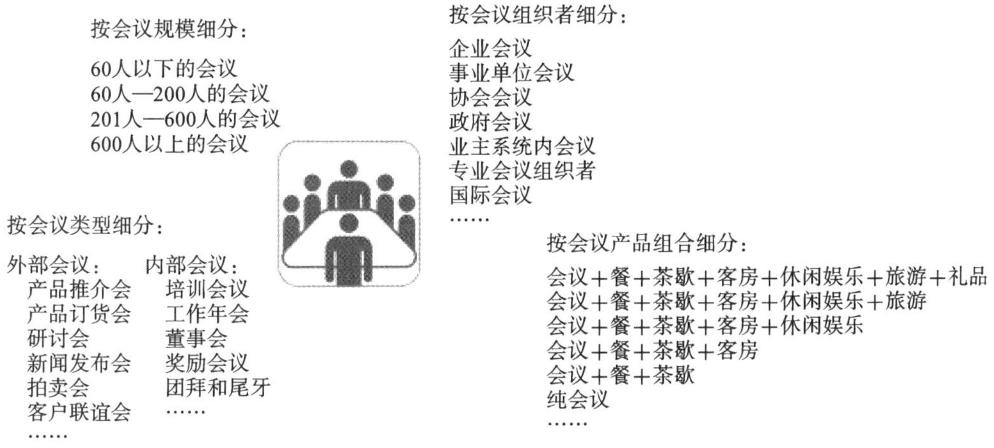

按会议规模细分:
60人以下的会议
60人—200人的会议
201人—600人的会议
600人以上的会议

按会议组织者细分:
企业会议
事业单位会议
协会会议
政府会议
业主系统内会议
专业会议组织者
国际会议
……

按会议类型细分:
外部会议:
　产品推介会
　产品订货会
　研讨会
　新闻发布会
　拍卖
　客户联谊会
　……
内部会议:
　培训会议
　工作年会
　董事会
　奖励会议
　团拜和尾牙
　……

按会议产品组合细分:
会议+餐+茶歇+客房+休闲娱乐+旅游+礼品
会议+餐+茶歇+客房+休闲娱乐+旅游
会议+餐+茶歇+客房+休闲娱乐
会议+餐+茶歇+客房
会议+餐+茶歇
纯会议
……

图 3-4　会议细分市场

(1)企业会议市场,由企业组织的不同客户的会议构成,是高端酒店综合消费的主要客源和酒店综合效益的主要来源。

(2)事业单位会议市场,由医院、学院等事业单位组织的各类以知识传播为主的会议构成,对酒店而言,其综合效益不高,但累积效益高。

(3)协会会议市场,由专业协会组织的行业专业会议构成,包括协会、学会和商会,其中,协会是行业职业经理人构成的组织,学会是行业的专业学者和研究者构成的组织,商会是行业的投资者和业主构成的组织。

(4)政府会议市场,由党政机关各部门、人大、政协、法院、检察院、民主党派、工商联举办的各类会议构成。政府会议通常由当地政府接待办公室安排。此市场体现酒店在当地的地位。

(5)培训会议市场,由培训组织者以传授知识和提升能力为目的举办的培训活动构成,是酒店的主打会议市场。

(6)国际会议市场,由非中国组织的、不低于20%的与会国代表参加的会议构成。国际会议通常影响大、筹办周期长、谈判次数多、计划性强。

(7)业主系统内会议市场,由业主公司内部以及业主上下游相关公司举办的会议构成。业主系统内会议的信息对称度高,有关任何服务接待的品质问题都会在系统内传播,影响业主心目中的评价。

(8)产品订货会市场,企业邀请经销商、加盟商、客户集中展示自己的产品,集中推销并现场订购的会议构成。其综合消费高,对酒店有比较高的要求,规模大,因此具备竞争优势的酒店不多。

(9)产品推介会市场,由企业组织的,以推广其品牌和产品为目的的促销活动。

(10)新闻发布会市场,由新闻发布者在酒店邀请相关媒体就有关产品和事项进行说明与发布的活动构成,包括政府、酒店、影视作品及文体明星的发布会。

(11)拍卖会市场,由拍卖公司在酒店为拍卖品举行的活动构成。

(12)研讨和评审会议市场,由针对某一个主题展开的集中研讨、交流的专业会议构成。

(13)团拜和尾牙市场,由企业在年末或年初为答谢对其做出贡献的群体而举行的餐饮活动构成,包括以答谢员工为目的的企业内部年会和以答谢客户为目的的企业外部年会。

二、酒店会议细分市场分析的方法

酒店一旦选定其会议细分市场,就需要对细分市场进行分析,以便制定市场营销组合,提供针对性的产品和服务。对于一个细分市场,可以从其特点、客户敏感点、产品和服务要求等几个方面进行详细的分析。下面以培训会议细分市场为例进行分析,内容如下。

(一)细分市场特点

酒店培训会议细分市场是由培训组织者以传授知识和提升能力为目的举办的酒店消费活动,它可以是培训组织者的内部活动,也可以是培训组织者的社会活动。培训会议的规模因组织者的不同而不同。

培训会议市场是酒店的主要会议市场,市场规模大,竞争酒店多。

(二)细分市场的客户敏感点

(1)会议场所和设施的合适性,包括会场及台型、音响和弱电设备。

(2)会议服务的专业性。

(3)会议餐饮的多样性,即提供多种用餐形式,如自助餐、团餐等,提供多种风味选择。

(4)会议设施设备的完好性。

(5)季节交替时的会场室温控制。

(6)培训活动可以无间断地衔接。

(7)有特色的合影场地。

(8)性价比。

(9)客房的一致性。

(三)产品和服务要求

(1)根据会议需求安排产品和服务。

(2)根据会议需求的变化及时调整产品和服务。

(3)满足更多的需求,如主题茶歇、康乐活动、特色礼品、新技术的使用等。

实训任务一　酒店客户忠诚计划设置

一、任务目的

本任务要求基于客户忠诚的相关理论,学习酒店客户忠诚计划的概念和内容,并通过客户忠诚计划完成会员管理系统在线平台的搭建,让学生能够:

(1)了解酒店客户忠诚计划的概念和内容。

(2)理解酒店会员积分和会员权益的设计要点。

(3)掌握酒店会员管理系统的设置。

客户忠诚计划

二、任务描述

(一)任务背景

客户忠诚计划的构建包括会员级别、会员权益、会员积分计划在内的会员体系构建。

本实训的目的是帮助高星级酒店或旅游企业组建富有特色的会员体系,通过体系的建立,能快速识别和区分不同层级的忠诚客户,并将该识别结果体现在营销活动中,从而维护和提升不同层级忠诚客户的满意度,扩大各个层级的会员基数。

(二)学习重点

1.客户忠诚计划

客户忠诚计划是酒店为了与客户建立彼此忠诚的关系而设计的管理制度和行动方案。从酒店角度来说,客户需要为获得在酒店的专属服务权益和待遇而表明对酒店品牌的忠诚态度和付出忠诚行为；从客户角度来说，酒店需要为客户加入忠诚计划而表现出的重复消费行为提供利益回报。客户忠诚计划主要包括四个方面的内容，分别是参与计划客户的招募、客户分层体系、积分计划和客户权益。

2. 会员积分

积分计划是客户忠诚计划的重要组成部分，它不仅是衡量客户价值的重要标准，还是维系客户留存的主要手段。有效的积分计划对于酒店客户忠诚计划的成功运营起着以下作用：

（1）吸引新客户加入忠诚计划。

（2）通过积分计划维系客户忠诚。

（3）通过积分计划将客户分层，识别最有价值的客户。

（4）通过对客户的消费和互动行为进行奖励以促进客户持续消费。

（5）通过积分奖励规则引导客户发生酒店所希望的消费行为。

（6）通过积分来补偿和安抚不满意的客户。

（7）通过积分使用情况来判断客户的活跃度并采取相应的措施。

（8）通过积分惩罚规则避免客户产生不利于酒店利益的行为。

（9）为竞争对手设置竞争壁垒。

积分相当于酒店发行的代币，具有一定的货币属性和价值。因此，对酒店而言，积分也是有成本的。在对客户进行积分奖励的时候，要合理确定积分的锚定价值，即参照真实货币的每一个累计积分的价值。积分计划的管理者要充分计算给客户的积分返利是否合适。积分价值和酒店设置的回馈比例有关，酒店业的积分回馈比例为5%—10%。换言之，某个连锁酒店将积分回馈比例定为5%，每消费1元，可获得积分数量是1个积分，而这1个积分在兑换时可以抵扣的价值相当于0.05元。但实际运营中，忠诚计划的运营商并不需要花费0.05元的成本，因为运营商一般会使用边际成本很低的商品进行积分兑换，比如酒店的客房、增值服务等。这些商品的边际成本都很低，但给客户的感知价值却很高。

3. 会员权益

会员权益是指加入忠诚计划的客户根据相应的层级获得的差异化待遇和优先关怀特权。积分计划是客户权益的一种体现形式，但并不是核心，重要的是如何设计一种"关系"来逐渐培养客户重复消费的习惯，而不仅仅是累计和兑换积分。这种"关系"也就是通过客户权益来表现。客户权益可以从不同的维度进行设计。从运营流程上，可以从产品和服务、活动、价格及优惠、销售支持、使用流程和互动沟通等方面进行设计。

4. 客户忠诚计划管理系统

客户忠诚计划管理系统是企业用来执行忠诚计划（Loyalty Program）的软件系统。酒店客户忠诚计划管理系统通常称之为会员管理系统。系统对内对接各个酒店的前台管理系统（Property Management System，简称PMS）和销售终端（Point of Sales，简称POS）；对外对接酒店线上门户，包括官方（会员）网站、微信公众号和智能手机客户端。会员账户管理、积分奖励和使用、储值卡、电子券、会员商城和报表是系统的基础功能模块。

三、任务书

某一线城市高星级酒店面临日益激烈的市场竞争,为了留住老客户,酒店决定实施客户忠诚计划。请根据以下酒店客户忠诚计划在会员管理系统上进行设置。

(一)会员等级

会员等级如表 3-1 所示。

表 3-1　会员等级

会员等级	注册方式	升级条件
E 会员	通过微信免费注册	—
银会员	满足条件升级	实名认证,年度累计消费 3 次或累计积分达 1000
金会员	满足条件升级	年度累计消费 5 次或累计积分达 1500
白金会员	满足条件升级	年度累计消费 15 次或累计积分达 10000
钻石会员	满足条件升级	年度累计消费 40 次或累计积分达 25000

(二)会员权益

会员权益如表 3-2 所示。

表 3-2　会员权益

会员基本权益	预订折扣	基础积分奖励	升级福利	其他权益
E 会员	9.5 折	0	—	预订折扣:9.5 折 延迟退房至 12:00 生日当月蛋糕立减券 * 1
银会员	9.2 折	100%	500 积分(实名认证奖励) 9.5 折优惠券 * 1 10 元通用券 * 1 延迟退房券 * 1	预订折扣:9.2 折 延迟退房至 13:00 生日当月蛋糕立减券 * 1
金会员	8.8 折	120%	9 折优惠券 * 1 10 元通用券 * 1 延迟退房券 * 1	预订折扣:8.8 折 延迟退房至 14:00 生日当月蛋糕立减券 * 1
白金会员	8.5 折	150%	20 元通用券 * 1 延迟退房券 * 2 房型升级券 * 1	预订折扣:8.5 折 延迟退房至 15:00 生日当月优惠礼包 * 1
钻石会员	8.2 折	180%	50 元通用券 * 1 延迟退房券 * 2 房型升级券 * 2	预订折扣:8.2 折 延迟退房至 15:00 生日当月优惠礼包 * 1

四、任务工具

本任务所用的技术工具如下。

（1）会员管理系统：用于会员体系的各个要素设置。

（2）官方网站、虚拟微信公众号、小程序：在设置会员体系后，通过模拟的前端网站页面进行会员级别及相关权益信息查看。

五、任务实施步骤

（一）流程图

会员管理系统的设置流程包含以下三大模块（见图3-5）。

会员级别管理 ⟶ 会员级别奖励设置 ⟶ 虚拟会员卡设置

图 3-5 会员管理系统的设置流程

本实训以"银会员"级别为例进行设置说明。

（二）关键步骤

1. 会员级别管理

在会员级别管理中，分别设置每个会员级别的基本信息（见图3-6）、积分奖励比例、升降级规则（见图3-7）。

图 3-6 会员级别基础信息

标签组可设置对会员具有吸引力的权益作为亮点内容。

2. 会员级别奖励设置

设置完会员级别基础信息后，可以在"卡券赠送"中设置该会员级别赠送的卡券和数量（见图3-8）。

图 3-7 升降级规则

图 3-8 会员级别赠送卡券

3. 虚拟会员卡设置

若酒店需要使用虚拟会员卡,可在会员级别设置中选择相应的规格并进行设计(见图 3-9)。

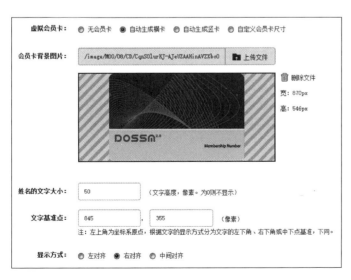

图 3-9 虚拟会员卡设置

六、任务注意事项

(1) 会员升降级条件的设置。
(2) 会员积分、升级奖励的设置。

七、任务完成结果与评价

(一) 任务完成结果

(1) 能够根据客户动作及消费行为，自动进行会员级别变更。
(2) 客户升级到相应会员级别后，能够收到自动发送的卡券。
(3) 能够根据客户消费，返回会员级别相应的积分。

(二) 任务完成评价

能理解并说明学习重点中的几个概念。

八、任务拓展

收集其他酒店会员体系案例（国内或国外酒店品牌），分析其差异点。

项目小结

酒店细分市场代表一群有相同或者类似需求的酒店消费者。酒店需要根据自身所处的社会和自然环境、产品和服务能力进行细分市场定位，将具有不同需求、价值、偏好、特征或者行为的客户进行分类，以便提供针对性的产品和服务解决方案。本项目通过学习酒店客房的细分市场、酒店餐饮的细分市场和酒店会议的细分市场的类型和定义，旨在让学生充分掌握多变的市场规律，这是数字营销的最基本的技能。

项目四
酒店营销的模式

 项目描述

在酒店消费者旅程中,通过互联网、智能移动手机在各个接触点进行互动已成为常态,数字营销在酒店的应用越来越深。在数字化时代,智能手机和社交媒体已经贯穿人们的整个消费过程,消费者的决策行为和决策路径也因为互联网在不断发生变化。消费行为的数字化不但让消费者决策和购买变得更加快捷和方便,而且改变了管理和运营的方式,尤其是营销和客户关系管理的方式。这些改变也不断丰富了酒店营销的模式。本项目主要介绍了酒店数字化时代营销的流程;阐述了数字化时代酒店市场营销需要将工作重点放在获客、销售转化和客户运营三个阶段;介绍了新媒体的概念、特征和主流新媒体在酒店营销中的作用等;并对酒店社交媒体营销、酒店分销、酒店直销和酒店客户运营进行了阐述;最后介绍了数字营销技术在酒店餐饮产品的预售策划和基于动态定价的酒店客房产品在线销售的应用和实训。

 项目目标

知识目标
1. 学习酒店数字化时代营销的流程。
2. 掌握酒店在数字化时代的营销工作重点。
3. 具备酒店市场营销、服务管理的知识。

能力目标
1. 掌握酒店数字营销方法和技术。
2. 具备酒店市场客群分析能力、消费者行为特征分析能力、市场营销方案策划能力等。

素养目标
1. 提升酒店营销背景下的审美能力。
2. 提高文化素养。

知识导图

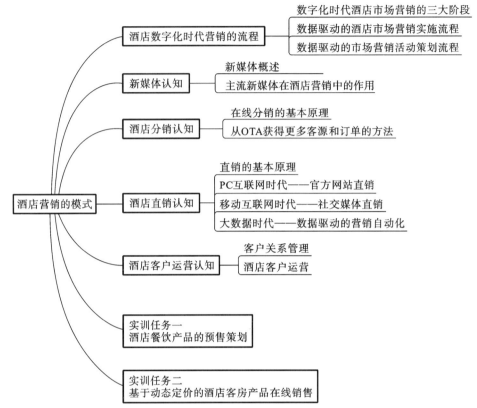

学习重点

本项目重点学习新媒体的概念、特征,以及主流新媒体在酒店营销中的作用等。

项目引入

拓展视频

了解行业数字化营销优秀企业

酒店营销模式的选择与建立

任务一 酒店数字化时代营销的流程

任务描述

本任务旨在使学生了解数字化时代酒店市场营销的三大阶段,数据驱动的酒店市场营销实施流程,以及数据驱动的市场营销活动策划流程。

一、数字化时代酒店市场营销的三大阶段

酒店业正处于数字化转型的阶段,数字营销是数字化转型的主要体现。酒店在转型过程中会应用数字化时代的新技术、新知识、新工艺和新方法。酒店普遍需要的新技术和新方法是解决消费者洞察不准、营销投放无据可依、内容缺乏创意、消费者互动缺乏、营销转化效率低的问题。曝光率增加、销售转化和客户增长是酒店数字营销工作关注的重点。酒店业知名权威机构发布的《2021年中国酒店业数字化转型趋势报告》表明,处于数字化转型阶段的中国酒店业,三大战略目标分别为强化现有客户关系,增加客户留存率和复购、获取新客户,增加预订量和为客户提供一致且高质量的体验。综上所述,酒店在数字化时代的营销需要将工作重点放在获客、销售转化和客户运营三个阶段。这三个阶段构成了数字化时代酒店新营销的实施框架。

如图4-1所示,在第一个阶段,酒店首先需要解决潜在客户获取的问题。主要通过新媒体传播、OTA和电商平台推广、搜索引擎优化和营销、精准广告投放和各种线下的接触点获取潜在客户。在第二个阶段,酒店需要实现潜在客户向成交客户的转化,特别是通过各种电子商务分销平台以及酒店自有电子商务直销平台,如官方网站、微信公众号实现转化。在第三个阶段,酒店基于在前面两个阶段中采集到的客户数据对客户进行分析,根据客户价值对客户进行划分,不断提升客户满意度和客户忠诚度,通过精准营销策略为客户提供个性化的服务。

二、数据驱动的酒店市场营销实施流程

在上述数字营销实施的三个阶段中,数据是贯穿全过程的。在酒店开展精准营销和个性化服务的工作中,能够反映客户实时感知、产品使用和服务过程的数据是特别有价值的数据,这些数据能够准确描述"是什么样的用户"(Who)、"在什么地点"(Where)、"在什么时间"(When)、"使用何种方式"(How)、"做了什么事情"(What),从而有助于形成判断客户需求的信息。多维度的数据有助于帮助酒店推进精准营销,提升客户体验,提高客户黏性,增强数字服务的能力。酒店的客户在入住前、住店中和离店后都广泛使用各种数字工具与外界和酒店互动,这些互动从客户产生预订动机,接触

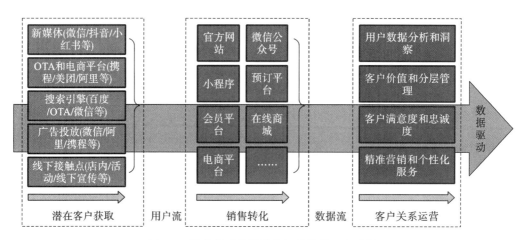

图 4-1　数字化时代酒店市场营销的三大阶段

酒店品牌时开始,智能手机始终贯穿于整个消费旅程。由于智能手机在每一个阶段、每一个场景下都是旅游者频繁使用的工具,并可能用于和酒店基于不同场景下的沟通和互动,从而产生一定量的数据。这些数据可以借助技术手段进行采集、存储和共享,使酒店通过数据驱动营销决策、通过数据驱动营销活动策划、通过数据优化营销策略、通过数据驱动客户关系管理创造条件,为酒店开展精准化营销和精细化运营提供驱动力。酒店需要基于数据,采取正确的方法和步骤不断优化营销和运营策略。实施步骤如图4-2 所示。

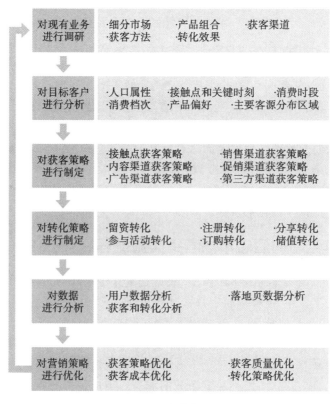

图 4-2　实施步骤

第一步：了解和梳理现有的业务数据。

包括细分市场、产品组合、获客渠道、获客方法、转化效果等数据，并分析这些数据的背景、业务场景。这一步的目的是梳理现有的获客和转化策略，为下一步的数据化营销和运营策略定下方向。

第二步：分析目标客户的特征数据。

除了人口属性特征（如地域、性别、年龄等），还包括接触点、关键时刻、消费时段、消费档次、产品偏好、主要客源分布等数据，并根据酒店的目标客户特征，进行客户数据采集的规划，从而能够正确地建立用户画像。

第三步：制定获客的策略。

即如何将用户多渠道地从线下连接到移动端，包括接触点获客策略、销售渠道获客策略、内容渠道获客策略、促销渠道获客策略、广告渠道获客策略、第三方传播渠道获客策略等。每一个获客渠道都要推敲如何引导并在移动端（单体酒店主要是微信公众号，连锁酒店还有 App）去连接用户。之所以要连接到移动端，是因为只有在移动端才可以实现用户数据的采集、识别和转化。

第四步：制定转化的策略。

即如何将在第三步获取的潜在客户进行转化。转化包括小转化和大转化，大转化是指将潜在客户转化为真正的付费客户，包括产品订购和储值；小转化是指引导客户做期望做的事情，如留资、注册、分享、参与活动等转化行为。转化成功与否取决于是否可以为合适的客户提供合适的解决方案。

第五步：对获客和转化的数据进行分析。

包括对客户数据、落地页数据、获客和转化数据进行多维度分析并找出某一个业务的问题。

第六步：根据数据洞察的结果，优化和改进营销和运营的策略。

包括获客策略的优化、获客质量的优化、获客成本的优化和转化策略的优化。

三、数据驱动的市场营销活动策划流程

酒店的营销活动策划流程也发生了变化。传统的营销活动策划是由市场营销人员的经验驱动的。经验丰富的市场营销人员对活动进行策划，然后制作宣传推广内容并进行内容投放，最后对营销效果进行分析，如图 4-3 所示。

图 4-3　传统的营销活动策划流程

在数字化时代，酒店的营销活动策划首先需要确定细分市场。其次明确在整个过程中，酒店将客户从线下连接到线上的方式，需要采集的客户数据，以及与客户在线上进行的互动，等等。最后进行内容制作和投放，以便完成潜在客户获取和转化目标。整个过程都需要不断分析数据，并基于数据进行活动优化，如图 4-4 所示。

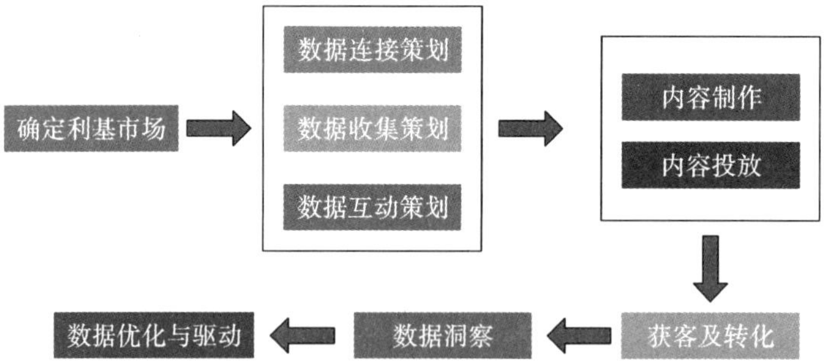

```
┌─────────┐     ┌──────────┐     ┌──────────┐
│确定利基市场│ →  │数据连接策划│ →  │ 内容制作 │
└─────────┘     │数据收集策划│     │ 内容投放 │
                │数据互动策划│     └──────────┘
                └──────────┘           ↓
   ┌──────────┐ ← ┌────────┐ ← ┌──────────┐
   │数据优化与驱动│   │数据洞察│   │获客及转化│
   └──────────┘   └────────┘   └──────────┘
```

图 4-4　数据驱动的市场营销活动策划流程

任务二　新媒体认知

任务描述

本任务旨在使学生认知主流新媒体在酒店营销中的作用，学习利用小红书、抖音等新媒体传播酒店品牌，实现酒店收益的最大化。

一、新媒体概述

新媒体是一种新型的媒体形式。学者们从不同的角度对新媒体的概念及内涵进行了解读。从哲学的角度来说，新媒体是相对旧媒体而言的全新信息传播形式，是继报纸、广播、电视等传统媒体后新兴的媒体形态，新媒体是一个相对的、动态发展的概念。目前属于新媒体的传播形式，也会随着技术的进步，慢慢退出新媒体的范畴；从技术的角度来讲，新媒体是数字化的，新媒体依托于数字技术和移动互联技术，信息的传播载体和传播形态均发生了本质的改变；从传播学的角度来看，新媒体是互动的，信息是在传播者和受众之间双向传播的。从广义来讲，新媒体是指传播信息的新载体；从狭义来讲，新媒体是指用于交互式传播信息的个性化、智能化的数字载体。

（一）新媒体的定义

"新媒体"（New Media）一词起源于美国，最初由美国哥伦比亚广播电视网技术研究所负责人戈尔德马克在一份关于开发电子录像产品的项目计划书中提出，之后美国传播政策总统特别委员会主席罗斯托向尼克松总统提交报告时多次使用该词，于是新媒体这一概念开始在美国推广，并逐步被全世界接受。21 世纪初，新媒体开始在中国流行。

汤姆·斯丹迪奇在《从莎草纸到互联网：社交媒体 2000 年》一书中提出了这样的观

点:历史上产生的社交媒体形形色色,却都基于人类的社交天性和"主我"与"客我"的认识,建立在人与人之间信息分享的基础之上。汤姆·斯丹迪奇认为社交媒体网络系统是层出不穷的,在人类历史的大部分时间内,无论是口头形式还是书面形式,社交关系网是新思想和新信息传播的主要手段。而不管是哪种形式的社交媒体网络,这些媒体系统的力量、传播范围和包容性是一直在稳步增长的。技术的发展是社交媒体网络系统层出不穷的最主要原因,越来越发达的技术为人们想要传递信息的多少、内容和方式,以及传播的范围和影响力提供了无限的可能。而媒体作为一种连接关系和缔结网络的特殊介质,在人类历史进程中起着非常关键的作用。

(二)新媒体的特征

与报纸、广播、电视等传统媒体相比,新媒体也是一种媒体,同样具有载体性,都起着担任信息传播载体的作用。但是,与传统媒体相比,新媒体也具有一些区别于传统媒体的显著的特征,包括全时性、交互性、数据化、个性化、智能化。

1. 全时性

新媒体传播载体多样,借助于移动设备可以通过微信、微博、抖音、小红书等平台随时发布信息,不受时间限制,因此,新媒体具有根据需要在任何时间进行信息传播的属性。

2. 交互性

新媒体信息具有可以方便地交流互动的属性。微信、微博等新媒体中的大量用户交互行为,开辟了全民互动的新时代。

3. 数据化

新媒体传播的信息都是经过数字化处理的,而且可以对传播效果进行数据化的分析。

4. 个性化

个性化指的是新媒体可以针对不同的用户推荐个性化信息,从而帮助用户方便地获取信息。新媒体的解决路径大致分为3个阶段:门户网站、搜索引擎和推荐系统。在传统媒体时代,报纸、广播、电视受到大众传播属性的束缚,面对大千世界形形色色的人,只能模式化、类型化地重复着唠叨过的故事。而新媒体不是这样,它可以利用技术收集人们获取信息的习惯和偏好,高效发掘潜在客户,精准实现信息个性化推送,提升营销的效率。

5. 智能化

智能化得益于人工智能和算法技术的发展,随着智能手机的普及和互联网技术的飞速发展,信息的生产来源和分发途径发生了根本变化,内容的生产来源从传统媒体的编辑推广到每一个人,人人都可以借助于新媒体成为传播主体;信息借助于新媒体,经过智能化算法,精准推荐给终端用户。

二、主流新媒体在酒店营销中的作用

(一)通过小红书为酒店"种草"

小红书成立于2013年,其创立初衷是打造购物分享的社区,满足用户对高品质生活的追求,积累了大量追求高品质生活的用户群体。随后,小红书在大量用户和优质口碑的基础上,建立起了自己的"福利社",为用户提供保税仓和海外物品直邮的服务,并逐渐加入了第三方电商平台。和其他电商平台不同,小红书的用户一开始注重于在社区里分享海外购物经验,其中多以美妆、个人护理产品为主,之后逐渐出现了关于运动、家居、旅行、酒店、餐馆等信息的分享,拓展至消费经验和生活方式的方方面面。在小红书上,用户通过分享消费体验,引发"社区互动",然后推动其他用户到"线下消费",这些用户反过来又会进行更多的"线上分享",最终形成一个正循环。

"种草"指某件物品成功激起用户的购买欲。在小红书上经常会看到很多"网红"博主分享好用、有趣的物品,通过视频或者文字的形式对其进行讲解,其他用户看到后产生购买欲的这个过程叫作"种草"。"种草"这个词最先从化妆品开始,后来也运用在很多其他方面。随着这一词的流行,衍生出很多其他词,如"拔草""草族""长草"等。

小红书的商业模式呈现出以下几个特征:

第一,基于用户需求的引导型消费。最初小红书只是分享消费,随着用户需求的变化,小红书逐渐形成了以用户需求为导向的引导型消费,为后续发展做了战略性铺垫。

第二,社群营销的运营模式。小红书是一个基于社交关系的电商平台,是社交软件和电商平台的结合。老用户分享其生活,自动吸引感兴趣的新用户,新老用户之间产生社交互动,使小红书形成了一个基于分享笔记和社交关系的平台。

第三,闭环式的盈利模式。小红书打造了自己的福利社和会员制,在上海、深圳等城市建立了保税仓,满足了用户低价海外购物的需求。小红书的会员可以享受商品会员优惠价、限量商品优先购、专享客户服务、免运费等会员福利,培养了大量忠诚客户。根据用户标记提供用户消费渠道,形成了闭环式的盈利模式。

截至2021年11月,小红书月活跃用户已达到2亿人。小红书活跃用户的年龄主要集中在18—34岁,占比83.31%;以女性用户为主,占比90.41%,男性占比9.59%;都市白领、职场精英女性是其主要用户群体,用户消费能力强且有相应的消费需求,追求品质生活。在美食面前,小红书用户消费能力强劲,呈现出"好吃就完事儿"的"吃货"属性和追求健康、低脂的两极矛盾分化。养颜、养生的产品受到追捧,酸奶、咖啡和低度酒成为都市丽人们的饮品标配。

小红书主要为年轻女性提供服饰、美妆、生活、旅游、健身等信息。满足年轻人探索新鲜、个性事物的心理需求。在小红书平台,旅游品类增速仅次于美妆,成为平台第二大品类,截至2020年4月,超过200家民宿品牌入驻小红书,并开通站内直接预订功能,小红书已然成为"网红"酒店(民宿)的聚集地。

在小红书上做酒店(民宿)推广的核心在于,了解用户在酒店(民宿)进行消费的目的,即吃、喝、玩、住、购。

吃:为酒店(民宿)做好范围在10千米内的美食攻略,尽可能多地涵盖一些创意小馆,攻略性质明显,收获大批粉丝,强势"种草"。

喝:打卡当地特色咖啡、奶茶店,以"网红"、火爆为重点,大幅度提高热度。

玩:旅行中,"去哪儿玩""哪儿好玩"是关键,针对酒店(民宿)周边那些小众、有趣的游玩地点,发布细致精美、干货十足的笔记,高效引流。

住:从"房型""服务""设计创意理念""优势"等角度进行软广告植入,配上"立即预订"等小程序,实现从"种草"到"实际行动"的转化。

购:随着"旅游经济""报复性消费"的热潮,当地值得买的"好物推荐帖"等笔记内容非常容易形成爆款文章。

(二)通过抖音传播酒店品牌

抖音,是由字节跳动旗下的一款音乐创意短视频社交软件。该软件于2016年9月20日上线,是一个面向全年龄的短视频社区平台。抖音作为一个拍摄工具,具有强大的美颜和滤镜功能。其对嘴表演模式解决了普通人拍摄短视频的创意与配音困难,将PGC(专业生产内容,如音乐)与UGC(用户原创内容,如视频)结合,既把门槛降到最低,又增添了趣味性。作为一个内容平台,抖音利用了今日头条的算法优势,保证了内容的传播效率。

根据2018年的相关数据,抖音上大约22%的用户每天使用该应用超过1个小时,抖音目前的日活跃用户与月活跃用户的比值(即DAU/MAU)已经达到0.45,这意味着平均每人每月有13.5天会打开并使用这个应用。2021年,抖音日活跃用户已突破6亿人,在用户画像与特性上,60%的抖音用户拥有本科以上学历,主要集中在一线、二线城市,90%都小于35岁,并且男女比例为4∶6,以女性居多。抖音有两大类主流用户:一类是内容消费者,他们看视频娱乐自我;另一类是内容创作者。包罗万象的视频内容、上下滑动的极简操作、个性化的推荐机制、全屏沉浸式的观看体验,是抖音吸引用户的重要因素。

抖音的特点包括泛娱乐化、弱社交、视频短、门槛低、变化快。

(1)泛娱乐化。

抖音中较流行的是音乐、舞蹈、搞笑视频,平台"人性化"的个性化推荐机制使得几乎所有"不人性化"的"严肃"内容难以传播。在推荐机制的帮助下,大量具有娱乐性的短视频得以曝光、传播,促使创作者在创作视频时,向轻松、娱乐的风格靠近。一些原本在大众印象中严肃、高端的酒店和机构,在抖音中展现的亲民新形象令人惊喜,但他们也并没有忘记自己的使命,只是以一种轻松、更接近民众的方式传播有价值的内容,这是令人喜闻乐见的。

(2)弱社交。

抖音的定位是音乐社交平台,但实际上不如说是一个内容平台,它更像一个短视频版的今日头条。抖音的内容属性远强于社交属性,相对于把它作为日常的社交工具,用户更愿意在抖音中观看视频。

(3)视频短。

视频时长和观看时间以秒为单位,制作周期以天为单位,无论是创作者还是观看者,投入的时间成本都很低。视频时长虽然以秒为单位,但是完整、精彩,抖音在诸多细节处下了功夫。

为了弥补时间上的限制,抖音提供了加快和放慢的功能,让用户在制作视频时能轻松地调整节奏,加快功能可以让视频虽然短却完整,而放慢功能则可以突出细节。

(4)门槛低。

抖音的使用门槛几乎为零,人人都能参与短视频创作,人人都能看懂短视频。抖提供了"傻瓜式"的视频拍摄方法,对嘴表演模式解决了普通人的内容创作难题,使拍摄短视频成了人人都能做的事,同时又增添了趣味。为了让人人都能看懂,内容创作者应当给用户呈现学习门槛低的内容,避免晦涩难懂的冷僻选题。

(5)变化快。

2018年,抖音迭代了35个版本之多,平均每10.4天迭代一次,可见其调整、优化速度之快,并且新玩法也不断地增加。抖音热点视频既出现得快又消失得快,对于抖音中出现的一些热点内容,常常来不及跟进就很快被代替了。

酒店最常见的一个场景就是客人在预订房间或选房时,会习惯性地说一句:"先带我去看看房间吧"。不同于小红书的"种草"到"拔草"的过程,抖音短视频的直观呈现对潜在客户往往会有更强的代入感,且更容易激发人们下单的欲望。在抖音,酒店需要具备"自身卖点",可以大致归为以下四类。

(1)空间场景多,装修风格独特的酒店。

这类酒店风格突出,有着受年轻人所喜爱的主题房型,如游戏主题电竞房、动漫IP主题房、大屏电影房、智能客房等。这些房间或场所都具备足够的亮点和热度,非常适合拍照或拍视频;符合年轻人遇到新奇的事物,就会发朋友圈、发微博、发抖音的心理特点;能触发体验传播效应的临界点,从而为酒店带来不经意的大量曝光。

(2)体验式消费服务的酒店。

这类酒店包括度假型酒店、亲子酒店等,客人在体验酒店硬件与服务的时候,就是碰撞出灵感的时候。例如,度假型酒店可以通过视频分享丰富的玩乐项目,亲子酒店可以通过视频表现出小朋友的快乐。

(3)具备"细节亮点"的酒店。

对于很多单体酒店来说,装修风格已经确定,推倒重建的可能性不大,想拍抖音,切入点在哪里呢?酒店可以从"小"出发。引入一些有趣好玩、自带流量的新科技(如酒店智能机器人、智能调控床垫),或者主动提供差异化服务,服务越有创意,客人惊喜越大,情感上的共鸣自然就会换来朋友圈和抖音的点赞,口碑传播渠道便在无形中搭建成功。

(4)拥有良好会员体系及口碑IP价值的酒店。

对于拥有独特的文化承载以及会员体系的酒店,可以用抖音短视频的方式与用户进行互动。

酒店在刚开始拍摄抖音时,普遍面临的一个问题是前期不确定拍摄哪些内容,把握不好拍摄方向,这种情况可以从以下几点入手。

(1)让用户愿意看完。

吸引用户的点有很多,比如抖音里面常见的美女、帅哥、萌宠、搞笑段子、反常识、新事物等。酒店需要抓住用户的情绪,一个可以让用户看完的小视频,至少需要具备某一个吸引点。

(2)植入要巧妙。

植入广告的时候应该巧妙将产品带入视频当中。例如,如果是类似探店的视频,拍摄的主角最好是客人而不是店员,因为客人拍摄更容易给大家带来参与感和体验感。抖音的"草根性"和"当下感"能够带给用户较为强烈的真实感和好感度,可以部分抵消硬广告带给用户的不适。

(3)找合适的 KOL(Key Opinion Leader,关键意见领袖)合作,让专业的人做专业的事。

寻找 KOL 的过程中,要遵循"三要"原则:第一,要持续优质,KOL 要有持续生产优质视频内容的能力;第二,要定位相符,KOL 的账号定位要与酒店的定位相符;第三,要人群匹配,KOL 的粉丝人群是酒店需要的潜在消费人群。

(4)多参加话题挑战,紧跟热门。

抖音热榜中有一个挑战榜,当抖音新上线了一个话题挑战,现在参与的人还不多,如果酒店判断这个话题挑战存在引爆的潜力,这个时候快速跟进去做一些内容,就很可能获得推荐。

(三)通过淘宝直播推广酒店

淘宝直播是阿里巴巴推出的直播平台,属于消费类直播,用户可以边看边买,直播内容基本始终围绕着商品展开。此平台女性观众占绝对主导,比例高达 80%。每晚 20:00 至 22:00 是收看的高峰期,同时也是用户下单的高峰期。目前,淘宝直播的形式主要有两类:店铺直播和达人直播。店铺直播是以店铺为主体来进行直播,而达人直播则是个人单体来进行直播,一般该达人都会拥有一定的粉丝基础和带货能力。

酒店通过淘宝直播进行营销,可以注意以下技巧。

1. 店铺直播

店铺直播的主流形式是展示,吸引大家的除了直播的产品,最不可或缺的是实在的优惠。目前的直播时间较长,吸引大家的是直播期间的大幅度优惠。很多人会为了直播时的秒杀、特价、大额优惠券等准点等直播,还有的则是在直播间看看商品真实的样子和效果。目前店铺直播的形式比较少,需要进一步开发。直播的另一个目的是引流固粉然后转化,但是店铺直播的劣势就是吸引新的客户比较困难。因为目前大多数店铺直播的时候,观看者都是店铺的老客户或粉丝,对于引流的实现比较困难,所以后续店铺引流策略需要改善。

2. 达人直播

达人直播的形式和内容较之店铺直播要灵活许多,因为达人的直播内容主要是与之合作的商家的商品,选择性更大。目前,比较常见的达人直播形式是展示商品和服务,然后对商品做出体验反馈,让观看直播的粉丝对产品有直观的了解;再就是与同类产品进行对比,显示出所售产品的优势,比如酒店的客房、餐饮、设施设备、特色服务等。有粉丝积累的人更适合做淘宝直播的达人。

从人类信息的传递方式演进看,我们经历了从文字(书信)到语音(电话),再到网络(图文),现在是视频(直播)这样几个阶段。酒店的 OTA 发展也是类似的,先是早期的电话预订,然后是网站预订,现在是 App 和小程序预订。首先,从信息传播模式来看,酒店 OTA 的发展必然会导致相关视频预订平台的出现,抖音是酒店预订的必然趋势。其次,从信息传播效率和信息丰富性的维度来看,视频的信息传播效率和信息丰富性远高于网页、语音和文本。由于酒店产品同质化越来越严重,产品细分要想得到更好的展示,就需要更高效、更丰富的信息传递手段。视频无疑是当前很有效的信息传播手段之一。

任务三　酒店分销认知

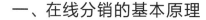
任务描述

本任务旨在使学生了解在线分销的基本原理、在线分销的合作原则,以及如何从OTA获得更多的客源和订单。

一、在线分销的基本原理

在线分销是指酒店通过在线旅行社(Online Travel Agent,简称OTA)分销产品的营销模式。以携程、美团为代表的中国OTA和以缤客网、亿客行为代表的境外OTA,通过数字化平台向旅游者销售景区酒店的产品,并向酒店收取一定比例的销售佣金。OTA的获利模式除了佣金模式,还有批发模式和广告模式。在批发模式下,OTA会买断部分产品或服务,然后加价卖给消费者,从中赚取比佣金更高的差价;在广告模式下,酒店可以向OTA付费获取其站内的排序或者其他流量资源。

(一)在线分销的优势和劣势

OTA作为酒店重要的在线分销商,主要为酒店带来以下竞争优势。

1. 品牌知名度

OTA将旅游产品和服务从线下转移到线上销售,实现了产品、价格、点评等信息的透明化,同时也提升了酒店在互联网上的曝光率。

2. 新的客源

OTA是大多数旅行者在进行行程规划和预订时常用的渠道。随着习惯的养成,通过OTA预订旅行产品的用户增加,OTA已经成为一个重要的流量入口,源源不断地为旅游产品供应商提供新的客源。

3. 口碑传播

OTA在其平台上会提供用户对产品和服务的点评功能,主要点评的维度包括服务态度、产品、价格、方便性。用户在OTA平台上的好评会吸引更多新用户选择到好评度高的酒店消费。

4. 收益管理

酒店产品具有"易逝性"的特点,而OTA可为酒店提供灵活的价格计划动态管理功能,因此,酒店和OTA合作可以更好地进行收益管理。

随着OTA逐渐控制了客源市场,OTA和旅游产品供应商之间的关系也变得微妙。在酒店业中,大部分酒店对OTA的合作是"爱恨交加"。一方面,OTA为酒店提升了在线曝光率、口碑和增加了新的客源;另一方面,客源市场逐渐被OTA控制,酒店有可能会丧失对市场和价格的主导权,并向OTA支付越来越高的佣金。

(二)在线分销的合作原则

OTA对合作的主要要求是价格一致性和保证库存,即所有的在线分销渠道都以完全一致的价格进行在线销售,即便不同渠道的成本结构有所差异,并确保在线销售的实时房态和库存。

价格一致性原则使得OTA可以获得相对公平的价格政策,也使得酒店可以便捷控制不同的在线分销商的线上定价,并且可以对价格体系的变动进行统一的管理,还使得收益管理工作可以更好落地。对消费者而言,价格一致性原则也打消了其对价格的顾虑,增强了其消费信心。

二、从OTA获得更多客源和订单的方法

酒店可以采取如下方法,从OTA渠道中获取更多的客源和订单。

(一)流量提升的方法

(1)加入OTA的特定频道,比如"优选酒店频道""特价团购频道""目的地攻略频道"等。这些特定的频道为各取所需的消费者提供了快速检索的入口,而加入这些频道的酒店将获得更高的曝光率。

(2)付费排序:在OTA的搜索结果页,排名靠前的酒店通常可以获得更高的曝光率。酒店可以通过付费排名的方式来获得更多的流量。

(二)转化率提升的方法

(1)向OTA平台商提供丰富而高质量的图片信息。由于用户的浏览习惯正在从看文字转向看图片和视频,图片和视频对订单转换率的提升至关重要。酒店需要重视提供高像素、高清晰度,突出酒店特色的最新的照片。以酒店业为例,每一种房型展示建议不要少于3张照片,包括客房整体、卫生间和局部特色照片;建筑外观分白天与夜晚照片,包括全景、局部、俯视图等;精选一些周边休闲、娱乐和旅游资源的照片;15—60秒内的短视频对订单转换率的提升也是非常有帮助的。此外,酒店还需要格外重视点评图片,因为潜在客户会优先看带图点评。

(2)注意影响OTA网站上的曝光率和排名的因素。这些因素包括点评的数量、分数和优质点评率,以及佣金比率,拒单率(到店无房、到店无预订、确认后满房、确认后涨价都是减分项),库存情况(库存一致、少拒单、谨慎关房),酒店信息内容的完整度(信息完整度80%以上、图片质量等)。

(3)其他影响订单转换率的因素还包括对客人的在线提问要及时回复,在OTA平台上进行广告投放等。

任务四　酒店直销认知

任务描述

本任务旨在使学生了解直销的基本原理，掌握官方网站直销、社交媒体直销和数据驱动的营销自动化。

一、直销的基本原理

"直销"，全称直接销售，是指酒店直接和终端消费者进行沟通，并促使成交，包括PC互联网时代——官方网站直销，移动互联网时代——社交媒体直销，大数据时代——数据驱动的营销自动化。这种销售模式传统常见于酒店业对公司协议客户市场的直接销售，或者旅行社通过门店直接收客。借助于互联网和智能手机技术的发展，传统的直接销售方式正在向数字化方面转型。在传统互联网时代，OTA 利用其技术优势和逐渐掌握的流量入口，成为旅游景区及酒店在营销方面的重要渠道。这些拥有终端产品的景区、酒店、邮轮由于缺乏流量，只能越来越依赖分销渠道。然而，借助于移动互联网和社交媒体，酒店连接客户变得更加容易，在线直销就越来越受酒店重视了，因为在线直销省去了中间佣金成本，并且有助于更好地了解客户和提升客户的忠诚度。对于消费者而言，在线直销可以直接和酒店互动，获得更多的增值服务和性价比优势。在互联网发展的不同阶段，酒店业开展在线直接销售有不同的模式。

二、PC 互联网时代——官方网站直销

在 PC 互联网时代，酒店的在线直接销售是以建立官方网站并在搜索引擎中进行推广为主要模式。要从在线直接销售渠道获得更多的订单，酒店必须注意两个关键因素——流量和转化率。

对官方网站进行搜索引擎优化（Search Engine Optimizaiton，SEO）和搜索引擎营销（Search Engine Marketing，SEM）是获取流量的主要方法，主要是针对官方网站进行关键词排名优化或者搜索引擎中关键词的竞价排名。另外，获得流量还需要具备以下条件：

（1）在技术工具方面，需要有支持搜索引擎基础优化工作的内容管理系统（Content Management System，CMS），这有助于搜索引擎对网页的收录、展示和排名。

（2）需要有一定的搜索引擎营销预算，对目标客源进行关键词的搜索广告投放。

（3）需要有专业知识的数字营销人才，他们既要懂得旅游及酒店的营销和运营业

务,又要掌握 SEO 和 SEM 的相关知识,为官方网站获得搜索引擎的流量制定实施方案,并寻找正确的合作服务商。

(4)需要制定通过官方网站开展产品预订、促销活动、客户忠诚计划的流程,引导客户访问和使用官方网站。

有些酒店因为自身有很高的品牌知名度,在互联网上有较好的口碑,并且在点评网站上或者在 OTA 平台上也有一定的曝光率,旅游者会通过包含酒店名称的关键词在搜索引擎上搜索酒店的官方网站,从而给酒店的官方网站带来一定的自然搜索流量。此外,自然流量的获取和酒店的目标客源市场也有关系,特别是目标客源市场是海外市场的旅游酒店。因为不少海外客源,尤其是欧美旅游者依然习惯于通过搜索引擎查找旅游信息和服务商。面向境外客源市场的酒店如果能够提供高质量的英文版网站,并结合社交媒体营销和第三方社区平台营销,对官方网站获得境外客源流量是大有帮助的。

获取了流量并非意味着这些访问者都会下单成为预订者,转化率才是在线直接销售要追求的指标。比如官方网站每天有 100 个访问者,实际只有两个访问者成功下单了,那么转化率就是 2%。从行业实际情况来看,不到 2% 的转化率是大多数酒店官方网站的现状。旅游者在进行旅游行程规划的时候,会访问多个酒店官方网站,并进行对比。转化率低与旅游者在官方网站的访问体验、产品吸引力、促销优惠力度、价格竞争力和点评内容都有关系。提升酒店官方网站的订单转化率,需要具备以下条件:

(1)需要专业的内容管理系统、稳定的服务器、较快的服务器带宽,这对提升用户的访问体验来说是必不可少的。

(2)需要有专业的预订系统和会员系统,以便能够对在线旅游平台和竞争对手网站保持产品、价格和服务方面的竞争优势。预订系统能够支持动态的价格体系和优惠包价设置;会员系统能够支持会员奖励计划、电子优惠券、积分兑换等会员权益功能的实现。

(3)需要有便利的在线支付系统,对接主流的支付渠道并支持 PC 网站支付和移动端支付。

(4)需要有专业的数字营销人才,掌握收益管理、产品与活动策划、内容营销、数据分析等方面的专业知识和技能。

(5)需要有短信、电子邮件营销系统,将最新的优惠活动信息及时送达直销客户群体。

(6)需要有在官方网站开展优惠促销、动态价格管理、会员服务的运营流程。

三、移动互联网时代——社交媒体直销

在移动互联网时代,由于搜索引擎关键词竞争日益激烈,酒店获得流量的难度越来越大、成本也越来越高。到了移动互联网时代,借助社交媒体和移动互联网,酒店获取社交媒体渠道的流量会更加便捷并且获客成本相对较低。社交媒体天然具备和用户"连接"的属性,用户关注了酒店的社交媒体账号,如微信公众号、微博等,就可以直接和酒店互动。这就改变了 PC 互联网时代以官方网站为中心获取流量的模式。

酒店是需要为客人提供面对面服务的。对一个有 300 间客房,60%平均住房率的酒店而言,一年仅住店的客流量就在 9.8 万人次左右,加上餐饮、会议、康体娱乐的客人,服务的人数会更多。在社交媒体时代,大多数人都有社交媒体账号,特别是微信。酒店应尽量引导客人成为微信公众号的粉丝,让酒店和客人之间建立"直连"的关系,从而酒店的在线直接销售获得稳定而精准的流量。每一个客人在其社交媒体账户背后都有自己的朋友圈,为客人提供优质的服务和高性价比的产品往往能够使他们在朋友圈中分享和推荐酒店,从而为酒店带来更多的流量和订单。

酒店基于社交媒体开展在线直销服务,需要具备以下条件:

(1)开通了微信公众平台,包括服务号或小程序,并且有专业的预订系统、会员系统、社会化分销系统、商城系统,以及在线支付系统。

(2)稳定的服务器、较快的加载速度和较高的并发处理能力,特别是基于社交关系开展的秒杀和拼团活动会给网站瞬时带来巨大的访问量压力。

(3)需要有专业的社交媒体营销人才,掌握产品与活动策划、内容制作与分发、数据分析等方面的能力。

(4)需要建立社交媒体营销和运营方面的流程。

四、大数据时代——数据驱动的营销自动化

在大数据时代,海量的社交媒体账号带来了大量的内容,这些内容已经远远超过了人类大脑可以处理的能力,导致消费者的注意力持续时间大幅减少。在消费者旅程,以及酒店的产品与服务不断交集和接触的过程中,产生了大量的数据,包括消费者的访问行为数据、消费者个人信息数据、消费者的交易数据,这些数据在 Web3.0 阶段可以通过大数据技术、人工智能和深度学习对客户数据进行采集、清洗、分析,并形成用户画像,然后结合营销自动化技术开展营销自动化和精准主动营销。这就改变了在线直接销售的模式,"千人千面营销"的时代到来了。一方面,可以通过营销自动化系统去判断客户在哪个场景、哪个接触点、哪个步骤、正在做什么动作,然后根据用户画像以及当前的场景、触点和动作进行自动化的响应,给客户精准推荐其所需要的产品和服务。另一方面,可以开展精准主动营销,通过标签对客户进行分组,在合适的时间,通过合适的工具,向合适的客户,推送合适的营销信息。

酒店基于营销自动化技术开展在线直销服务,需要具备以下条件:

(1)在技术方面,需要建立客户数据平台、营销自动化系统、精准营销系统和"千人千面"内容管理系统、数据分析系统。

(2)在流程方面,需要建立客户数据驱动的运营流程,包括数据采集、数据分析和数据利用的流程。

(3)在人才方面,需要建设一支掌握营销自动化、内容营销、客户获取和转化等方面的专业知识和技能的人才队伍。

(4)在数据方面,需要整合多触点的客户数据,打通不同系统之间的客户数据。

任务五　酒店客户运营认知

任务描述

本任务旨在使学生了解客户关系管理,掌握酒店客户的运营。

一、客户关系管理

客户关系管理有三层含义:①客户关系管理是一个集合了众多现代技术的系统;②客户关系管理是一种以客户为中心的现代管理理念;③客户关系管理是一套运营解决方案。客户运营是借助于数据技术,驱动客户关系的高质量发展。在数字化时代,客户关系管理是利用数字技术解决方案,实现对客户数据的采集、汇总、分析、处理与共享,以此简化协调各类业务功能(如销售、市场营销、服务和支持),并将注意力集中于满足客户的需要上,最终在酒店与客户之间建立一种协同、互动的关系和运营机制。

二、酒店客户运营

(一)全生命周期的运营

客户是酒店的一项重要资产,客户关怀是客户关系管理的重要理念,客户关怀计划有助于与客户建立长期、有效的协作关系,实施手段是在与客户的每一个接触点上都进行有效管理,创造良好的客户体验,从而最大限度地提升客户满意度和忠诚度。基于客户关系管理的酒店运营解决方案重点如下:

无论是哪一种消费者旅程地图,都说明客户关系的运营并非阶段性的,而是贯穿客户关系的整个生命周期。以旅游业客户的生命周期为例,当一个人对酒店网站进行访问,这个生命周期就开始了,从一个浏览者变成一个预订者,然后从一个新客户变成不断消费的老客户,再从一个老客户变成经常向外推荐酒店产品和服务的"品牌大使"。在这个生命周期中,需要建立一整套客户关系管理和运营的工作方法和流程,并借助于客户关系管理系统来进行有效管理。

(二)客户体验的运营

在客户关系的生命周期中,客户与酒店之间存在很多线上和线下交集的接触点,每一个接触点都是客户体验的运营触点。客户体验的运营就是不断让客户感受到酒店产品和服务的价值,并确保客户在接触点上有符合甚至超越其预期的满意度,从而能够最大限度地占据客户的"钱包份额"(Wallet Share)。

(三)客户协作机制的建立

客户协作机制是指酒店和客人之间建立的一种互惠互利的协作关系。例如,酒店制订分销计划,客户作为协作方,加入这个分销计划并将酒店的产品和服务推荐给亲朋好友,从而为酒店带来更多的潜在客户。酒店要不断创新协作机制,鼓励消费者参与协作计划。

1982年后出生的一代消费者已经逐渐成为旅游和酒店业的主要消费群体,而1995年后出生的新一代消费者则是新兴的消费客群。这些成长在数字化时代并熟练使用移动互联网、社交媒体、即时通信工具、智能手机和平板电脑的消费者和出生于20世纪60年代中期至70年代末的人在消费观念和消费行为上都有着很大的不同,有如天渊之隔。现在仍用产生于20世纪六七十年代的客户关系管理方法和系统去管理新一代消费者是不适合的。

和出生于20世纪60年代中期至70年代末的人不同,新一代消费者在决策方面更加相信同代人,传统的广告方式不容易影响他们的决策,他们希望内容只在他们需要的时候提供给他们,而不是随时随地的"骚扰";他们通过智能手机和社交媒体与外界联系,并额外重视信息的透明度;他们非常善于通过网络获取信息,并乐于在网上分享消费信息和体验。

新一代消费者时代的到来使得酒店的客户关系管理方式和技术发生着日新月异的变化。社交媒体改变了消费者和酒店交流的方式,并使得酒店从某种程度上丧失了对客户关系的控制权。掌握对话主动权的消费者一旦认可某个品牌,他们不希望与酒店仅仅是产生交易的利益关系,而是希望酒店能够随时随地了解他们的需求,并提供个性化的体验。对于他们认可的品牌,他们会表现出一种态度忠诚,而不仅仅是消费行为上的忠诚。

Strauss和Frost(2015)将客户关系管理分为1.0和2.0两个阶段,其具体管理活动如图4-5所示。在1.0阶段,客户关系管理是一种理念、一种战略和一种工作流程,它借助技术的力量进行关系营销和客户沟通。在2.0阶段,客户关系管理除了具备1.0的全部特征,还增加了社交媒体技术和客户协同的特征。2.0时代的客户关系管理被称为社交型客户关系管理(Social CRM,简称SCRM)。

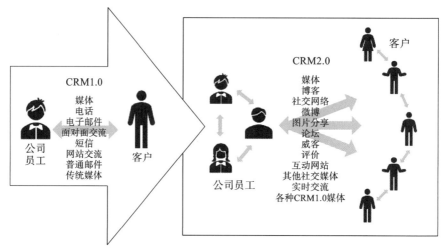

图4-5 社交媒体融入了客户关系管理活动(Strauss和Frost,2015)

实训任务一　酒店餐饮产品的预售策划

一、任务目的

本任务要求从细分市场客户需求角度,策划高星级酒店某一餐饮产品面向特定细分市场的在线销售方案。通过本实训任务,学生能够:

(1)了解酒店餐饮产品在线预售的作用和渠道。
(2)了解电子券在产品预售中的作用和设置方法。
(3)掌握餐饮预售类产品的营销策略。
(4)掌握餐饮预售类产品在在线商城中的上架与销售。

二、任务描述

(一)任务背景

高星级酒店为客人提供多样化的餐饮产品选择,满足不同细分市场客人的不同餐饮需求。主要的细分市场包括住店散客餐饮、商务宴请、家庭聚会、社会散客餐饮、婚宴、各类社团活动、节日庆祝等。在这些细分市场中,大多数客人都是来自酒店所在的城市。这些人选择高星级酒店餐饮产品和服务的原因主要是酒店的就餐环境、烹饪技艺、特色餐厅、特色服务、食材等都比社会餐饮要更加有优势。随着市场竞争加剧,越来越多的酒店开始通过第三方电商平台和直销平台进行餐饮产品的销售。比较有代表性的第三方平台是美团,直销平台是酒店的微信商城。

(二)学习重点

1.餐饮服务的概述

餐饮服务是一个过程或者一项活动,为特定客户提供就餐体验,使被服务者感到满足和愉悦。传统的餐饮服务具有不可分离性和不可储存性两大特点。不可分离性是指餐饮服务无法和酒店餐饮环境分开提供;不可储存性是指客人购买餐饮服务后不能够存储下来。但是在数字化时代,通过在线平台进行餐饮服务产品的预售已成为一种新型的营销方式,餐饮服务的不可分离性和不可储存性两大特点就不再适用了。

2.餐饮预售产品

高星级酒店提供的餐饮服务产品非常丰富,通过数字渠道进行预售的产品主要包括双人自助午/晚餐、家庭自助午/晚餐、单/双人下午茶、多人点心任吃、多人午市套餐、自助早餐包月、蛋糕券、冰激凌券、咖啡券、招牌菜肴、西点等。消费者通过在线平台购买的这些产品是以电子券为消费凭证,根据购买时的条款按要求到酒店进行消费。

3.餐饮预售的营销策略

民以食为天,但"食"有三种层次,分别为吃饱、吃好、吃得有情调。高星级酒店通常能满足消费者"吃得有情调"的需求。因此,在进行高星级酒店餐饮产品预售的时候,营销策略的重点不是产品本身,而是就餐环境、烹饪技艺、餐厅特色、服务特色、食材特色、食品卫生和安全等。这是高星级酒店餐饮区别于社会餐饮的主要方面,也是餐饮客户的主要敏感点。如果在营销中能够注意这些客户敏感点,就会提高产品预售的转化率,并在客户体验后让其产生传播和分享的动力。

三、任务书

席卷全球的新冠肺炎疫情对酒店行业冲击非常大,整个酒店行业几乎按下了"暂停键"。随着我国疫情防控形势持续向好,酒店业逐渐恢复,但不同细分市场恢复情况不一样,散客市场先于团队市场复苏,餐饮市场和康乐市场先于客房市场复苏。消费者的消费意识和消费习惯也发生了变化,以在线订购为主要特点的数字消费、以无接触服务与安全卫生为主要诉求的安全消费和以追求美好生活为目的的生活方式消费成为新的消费方向。高星级酒店一方面为了提高收入、稳定客源,另一方面也因为消费习惯的改变,纷纷通过数字渠道进行餐饮服务产品的预售。一些高星级酒店推出"自助早餐包月"的餐饮产品预售活动。

活动名称:自助早餐月卡福利。

活动宣传语:自助早餐包月,"饱"您满意。

活动方式:每月限20位抢购,售完即止。

活动时间:7月1日—8月31日。

价格:包月600元/位。

活动说明:

(1)每人限购1份,每月限20位抢购,售完即止;

(2)购买后即刻生效,有效期31天;

(3)仅限本人使用。

四、任务工具

本任务所用的技术工具如下。

(1)卡券营销系统:用于相关卡券的各个要素设置。

(2)在线商城管理系统:用于商品的各个要素设置及上架。

(3)虚拟微信公众号、小程序:在设置卡券及商品后,通过模拟的前端网站页面进行卡券领取及商品购买体验。

五、任务实施步骤

(一)流程图

酒店餐饮预售类商品在卡券管理系统及在线商城管理系统中的设置流程包含以下

四大模块(见图4-6)。

产品管理 ——→ 卡券批次管理 ——→ 商品管理与商品型号设置 ——→ 商品上架

图4-6　酒店餐饮预售类商品的设置流程

(二)关键步骤

1.产品管理

在产品管理中设置实训要求的产品基础信息,包括产品类别、产品标识和产品名称(见图4-7)。

图4-7　产品管理

2.卡券批次管理

在卡券批次管理中设置相关卡券(见图4-8),包括名称、类别、面额、有效期、使用及转赠限制等。同时,需要关联已设置的产品,并进一步对发行渠道、消费渠道、特殊时间限制等进行设置。

图4-8　卡券批次管理

3.商品管理与商品型号设置

在商品管理中设置该预售类商品,包括商品名称、商品简介、商品图片、商品说明等(见图4-9)。

图 4-9 商品管理

设置完商品基础信息后,设置商品型号、销售价格、库存数量,以及积分奖励规则等(见图4-10)。

图 4-10 商品型号管理

最后与卡券进行关联(见图 4-11)。

4.商品上架

在商城上架管理中将已设置好的商品进行上架,并开始在商城进行销售(见图4-12)。

图 4-11　关联卡券

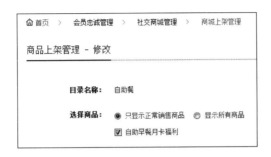

图 4-12　商品上架管理

后台设置完成后,即可在前端商城页面查看该商品并进行购买,购买成功后,可获得相应的电子卡券,客人凭着卡券可到店消费即可。

六、任务注意事项

(1)卡券的类型选择。
(2)卡券及商品的有效期设置。

七、任务完成结果与评价

(一)任务完成结果

(1)在前端网站页面可以查阅实训任务中设置的商品。
(2)在前端网站页面可以完成实训任务所设置商品的购买,购买后可查看相关联的卡券。

(二)任务完成评价

(1)能理解并说明学习重点中的几个概念。
(2)前端网站页面展现的商品设置是否合理、能否成功进行预订。

八、任务拓展

可进一步根据不同的场景设计更多的预售产品并进行设置。

实训任务二 基于动态定价的酒店客房产品在线销售

一、任务目的

本任务要求基于收益管理理论,以动态定价策略在酒店预订引擎中设置某一酒店的价格体系,通过学习易逝性产品、动态价格、价格体系和价格一致性原则等概念,以及进行拓展阅读和系统操作实训演习,让学生能够:

(1)了解易逝性产品等相关概念并理解这些概念在酒店管理中的基本运用。

(2)理解多价格体系的组成原理和实施必要性,并通过设置多个价格计划的任务掌握客房产品动态定价的方法。

(3)掌握酒店在线营销工具——预订引擎的价格体系的设置和注意事项。

二、任务描述

(一)任务背景

客房产品是酒店的主要收入来源。随着旅游者线上预订酒店习惯的逐步养成,如何提高客房产品线上收入成为各个酒店数字营销的核心工作。

旅游者在线上预订酒店主要通过 OTA 分销平台和酒店自己建设的直销平台(如官方网站、自营微信公众号、自营微信小程序、自营 App 等)。无论通过分销平台,还是直销平台,价格体系设计的合理性和灵活性都是酒店提升线上客房收入的重要因素,也是酒店数字营销岗位从业人员必须掌握的核心知识和技能。

基于动态定价的酒店客房产品在预订引擎中的销售是酒店数字营销的典型工作任务。本任务要求学生掌握相关的知识、技术和方法。

(二)学习重点

1. 易逝性产品

酒店客房、航空公司机票、高尔夫球场的开球时间、邮轮的舱位等都有一个共同属性——易逝性,即库存数量有限且存在销售时间的限制。如果到某一个时间节点,仍有产品未被售出,则这些产品就失去了价值。

2. 动态定价

对于酒店客房等易逝性产品的定价,可采取动态定价的策略。动态定价允许酒店根据实时需求为商品或服务设置灵活的价格。价格将根据市场供需变化,或者竞争对手的价格以及其他市场情况进行调整。动态定价是收益管理的策略,即在某个规定的时间内,使产品和服务实现销售价格最大化,从而产生最多的收入。

3. 价格体系

价格体系是基于差异化策略的定价方案,由多个要素组合而成,包括价格、渠道、有效时间段、适用客户对象、适用产品、取消条款等要素。酒店可以根据渠道、营销组合、时间段、客户群体、预订方式、库存情况等因素而执行不同的定价方案。

4. 价格一致性原则(Rate Parity Rule)

价格一致性原则是酒店和在线旅行社之间的合作原则，酒店在所有分销渠道上为同一房间提供相同的房价和预订政策。

5. 最优弹性价(Best Available Rate)

在酒店预订平台上，最常用的线上价格是标准价格，也称之为最优弹性价。它面向的客户对象是通过公开渠道预订且没有合同价的散客，这种价格会根据预测的需求水平和市场情况而改变。

6. 预订引擎

本任务中使用的酒店数字化营销技术工具——预订引擎，是酒店为不同身份的客户在网上预订客房产品、进行房价和房态查询、在线支付和客房实时确认而提供的预订系统。该系统包括两个组成部分，一部分是后台系统，用于产品、价格、库存、订单的管理；另一部分是面向客户的预订界面。

三、任务书

本任务的背景是某省会城市中心的五星级酒店，周一到周五的平均住房率为80%，周五、周六和周日的平均住房率为40%。通过在线旅行社(OTA)渠道获得的预订量占总量的30%。酒店周边同类星级的酒店较多，竞争非常激烈。为了提高收益，酒店希望对周末的房价进行调整，从而吸引城市周边的休闲散客，以提高周末的入住率。

为了降低对OTA的依赖并提高官方网站、微信公众号等直销平台的销量，酒店推出了线上的会员体系，对会员通过官方和公众号的下一次预订给予更多优惠。此外，为了提高周末的入住率，酒店还打算推出周末价格计划，以便吸引本地人和周末到该地休闲放松的客人。

基于上述营销策略，酒店制定了相应的价格体系用于动态定价。请根据酒店的价格体系政策完成任务规定的系统设置。

1. 标准价格/最优弹性价

价格体系名称：标准价格。

适用时间：设置之日起至202×年12月31日。

定价策略：每间标准客房680元/晚；每间高级客房880元/晚。

使用条款：

(1) 在官方网站或者微信公众号上预订；

(2) 需要支付一晚房费预留房间；

(3) 可以在当天18:00前取消预订。

2. 会员价格

价格名称：会员优惠价格。

适用时间：设置之日起至202×年12月31日。

定价策略：在标准价格的基础上给予9折优惠。

使用条款:
(1)在官方网站或者微信公众号上预订;
(2)需要全款预付;
(3)可以使用积分抵扣相应的房费;
(4)可以在当天18:00前取消预订。

3.周末价格

价格名称:周末优惠价。

适用时间:设置之日起至202×年12月31日。

定价策略:在标准价格的基础上给予8折优惠。

使用条款:
(1)在官方网站或者微信公众号上预订;
(2)需要全额预付房费;
(3)取消需要提前24小时,否则不予退款。

四、任务工具

本任务所用的技术工具如下。

(1)预订引擎:用于客房价格体系的各个要素设置。

(2)官方网站、虚拟微信公众号、小程序:在设置价格体系后,通过模拟的前端网站页面进行房价和房态查询、在线支付和实时订单确认。

五、任务实施步骤

(一)流程图

价格体系在预订引擎的设置流程包含以下四大模块(见图4-13)。

房型及配额设置 ——→ 价格体系设置 ——→ 价格管理设置 ——→ 订单管理

图4-13 价格体系设置流程

其中,价格体系设置包括基本信息、包含产品、附加服务、适用范围、预订政策及适用条件。

(二)关键步骤

1.最优弹性价的设置

(1)设置酒店的房型以及配额(见图4-14)。
(2)创建最优弹性价的基本框架(见图4-15)。
(3)选择标准价格所参与的客房房型:选择标准客房和高级客房(见图4-16)。
(4)选择标准价格的适用范围,即针对哪个客户群体(见图4-17)。
(5)选择标准价格的预订政策,明确预订的修改、取消、担保政策,按实训要求进行设置(见图4-18)。

图 4-14 配额管理

图 4-15 设置价格计划的基本信息

(6)选择标准价格的其他规则,即适用条件,如适用语言、支付方式、预订要求等的设置(见图 4-19)。

(7)当标准价格体系设置完成后,在价格控制管理中设置标准客房及高级客房的价格(见图 4-20)。

设置好价格之后就可以通过前端网站页面按照标准价格进行预订。

(8)订单管理:客户通过前端网站页面进行预订后,可在订单列表中进行订单管理操作,包括查看订单信息、登记入住、No Show 处理等(见图 4-21)。

图 4-16　设置价格计划的包含产品

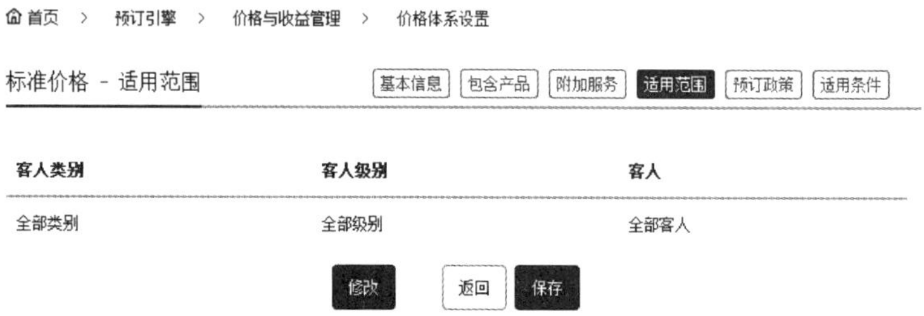

图 4-17　设置价格计划的适用范围

图 4-18　设置价格计划的预订政策

2.会员价格的设置

（1）创建会员优惠价格基本框架，价格体系选择关联标准价格，"关联价格减少"中输入"60"，设置后预订就会在标准价格的基础上优惠60元（见图4-22）。

（2）包含产品跟标准价格设置一致，适用范围则是在客户类别中选择酒店会员（见

图 4-19 设置价格计划的适用条件

图 4-20 设置具体价格

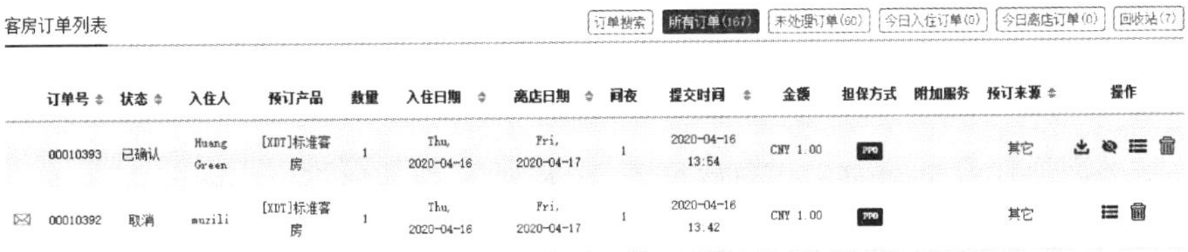

图 4-21 订单列表

图 4-23)。

(3)跟标准价格不同的是,会员优惠价格的担保政策需要支付总金额的 100% 为担

图 4-22　设置会员价格的基础信息

图 4-23　设置会员价格的适用范围

保(见图 4-24)。

　　3.周末价格的设置

　　周末价格一样关联标准价格体系,在关联的价格基础上减少金额。与标准价格不同的是周末价格仅限于周末适用,因此需要在价格控制管理中把平日的房间关闭(见图 4-25)。

六、任务注意事项

　　了解最优弹性价格的概念和组成要素,并理解它和其他价格之间的关系。

七、任务完成结果与评价

(一)任务完成结果

(1)能清晰地说明最优弹性价格和其他价格之间的关系及应用。

项目四 酒店营销的模式

图 4-24　设置会员价格的预订政策

图 4-25　周末价格控制管理

（2）在前端网站页面可以查阅实训任务中设置的最优弹性价格、会员价格、周末价格。

（3）在前端网站页面可以用实训任务中设置的最优弹性价格、会员价格、周末价格进行预订。

（4）在后台可以查询到预订的订单。

(二) 任务完成评价

（1）能理解并能说明学习重点中的几个概念。

（2）前端网站页面展现的价格设置是否合理、能否成功进行预订。

八、任务拓展

(1)收益管理相关知识的了解以及动态定价及其运用的意义。

(2)学生在进行本任务实训时,可以进行一次小范围的市场调研,选择不同类型的酒店,在酒店官方网站和OTA平台上进行周末、平日、节假日的价格和预订政策查询,也可以在官方网站和OTA平台上进行会员注册,然后对比价格体系的差异,以便进一步了解价格体系和动态定价的概念。

(3)学生可进一步根据不同的场景设计更多的价格体系并进行设置。

> **项目小结**　互联网的出现与发展使消费者的消费路径、决策行为与互联网之间的关系愈发紧密,数字技术的发展与在营销中的使用越来越广泛,产生了如直播营销、社群营销、微信营销等数字营销方法。数字营销不单是一种技术手段的革命,同时也是一种深层次的理念变革,赋予了营销组合新的内涵,是数字经济时代企业的主要营销方式和发展趋势。本项目主要介绍了酒店在数字化时代的营销需要将工作重点放在获客、销售转化和客户运营三个阶段;介绍了通过小红书、抖音等平台来宣传酒店品牌;并对新媒体的概念和特征,新媒体在酒店营销中的作用,以及对酒店社交媒体营销、酒店分销、酒店直销和酒店客户运营进行了阐述。

项目五
酒店数字营销的基础技能

 项目描述

在互联网和社交媒体时代,酒店更多地通过文案进行内容营销,借助文字表达与舆论传播使消费者认同某种概念、观点和分享思路,从而达到酒店品牌宣传、产品销售的目的。酒店数字营销文案策划、酒店图片的使用和图片库的建设、酒店图片的选择和拍摄技巧,以及短视频的制作流程是本项目的主要学习内容。除文字、图片和视频的问题外,酒店在营销过程中需要注意的法律有《中华人民共和国广告法》《中华人民共和国电子商务法》《中华人民共和国网络安全法》和《中华人民共和国民法典》。

 项目目标

知识目标
1. 了解酒店数字营销文案策划,酒店图片的使用和图片库的建设,酒店图片的选择和拍摄技巧,以及短视频的制作流程。
2. 掌握《中华人民共和国广告法》《中华人民共和国电子商务法》《中华人民共和国网络安全法》《中华人民共和国民法典》中的相关法律条款。

能力目标
1. 具备文案策划能力。
2. 具备图片拍摄能力。
3. 具备短视频制作能力。

素养目标
1. 掌握并知晓营销相关的法律规范,遵纪守法。
2. 进行营销时具备积极向上的正能量,以及符合社会主义核心价值观的时代精神。

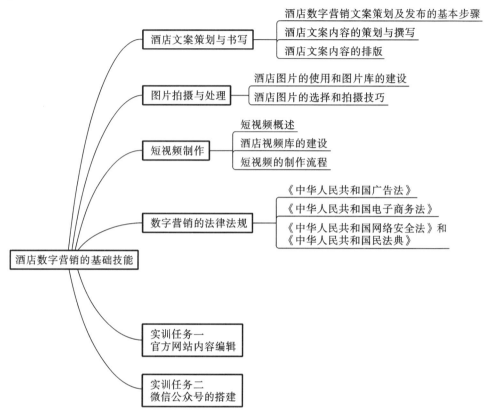

本项目重点学习酒店数字营销文案策划、酒店图片的使用和图片库的建设、酒店图片的选择和拍摄技巧、短视频的制作流程,以及《中华人民共和国广告法》《中华人民共和国电子商务法》《中华人民共和国网络安全法》和《中华人民共和国民法典》等法律知识和案例。

项目引入

法律范畴下的酒店数字营销行为

项目五　酒店数字营销的基础技能

任务一　酒店文案策划与书写

任务描述

酒店数字营销文案策划及发布,酒店文案内容的策划和撰写,酒店文案内容的排版是本任务的学习重点。

一、酒店数字营销文案策划及发布的基本步骤

好的文案能够引导消费者做出改变。传统的酒店文案常常直接宣传酒店形象,或直接推销产品和服务;而在互联网和社交媒体时代,酒店更多地通过文案进行内容营销,借助文字表达与舆论传播使消费者认同某种概念、观点和分享思路,从而达到酒店品牌宣传、产品销售的目的。酒店数字营销文案策划及发布通常包括以下五个步骤。

(一)确定目标客户群和发布平台

目标客户群就是我们做营销活动的目标和定位群体。比如活动面对的是亲子市场、老年市场、度假市场还是商务市场,需要有明确的定位,不同的市场,文案应该是不同的。发布平台也需要根据目标客户群和产品进行相应的选择,如资讯类自媒体平台、微信、微博、短视频自媒体、电商自媒体平台等。

(二)选题、准备素材、文案撰写和排版

确定好目标客户群和发布平台后,需要根据相关的目标进行选题。酒店需要思考:目标群体的关注点、价值观、生活方式是什么?酒店有什么产品或服务是目标群体所需求的?酒店能为他们提供什么有价值的内容(如预订、优惠、攻略)?其他同行在做什么?

选题完成后,则需进行图文素材的准备,如图片、文字、视频、目标落地页(即希望引导客户到达的页面,如产品预订页面)等,并根据素材进行相应的文案撰写和排版。

(三)审核文案

发布前,要对做好的文案进行审核,包括图文是否匹配、是否有植入行为召唤(Call to Action,即引导客户进行目标行为的用语,如购买链接等)、标题是否具有吸引力、关键词数量和密度,以及文字图片是否有法律风险等。

(四)发布

在目标平台发布文案时还需注意目标客户群的浏览习惯,在合适的时间段发布,尽

量选择在客户活跃度高的时段投放。

(五)评估

文案发布后,需及时对文案效果进行跟进,主要可以从互动和消息趋势(如客户留言量)、图文转化率(如点赞、关注、评论、转发、收藏及分享)和落地页的转化率(即订单量等)三个维度进行评估,为下一次的营销文案做优化参考。

二、酒店文案内容的策划与撰写

酒店数字营销文案的核心是内容,内容的好坏直接影响到营销的转化效果。酒店文案内容的策划和撰写主要包含三个方面,即标题设置、内容撰写和签名档设计。

(一)标题设置

标题的目标是最大限度地展现文章特色和亮点,吸引目标客户打开阅读。只有客户打开阅读了,酒店才有机会与客户建立联系,引导客户进行下一步的目标行为。

1.标题设置的原则

标题的设置需要遵循CBI原则或4U原则。

(1)CBI原则。

①C:Connection,关联,即标题要与目标客户建立身份关联,让客户一看就知道其为这篇文章适合的人群。

②B:Benefits,好处,即标题能承诺和明确给出的实际好处。

③I:Interests,兴趣,即标题要能调动阅读者的兴趣从而引发共鸣。

(2)4U原则。

①Urgent:紧迫感,即为什么现在就要点开这篇文章。

②Unique:独特性,即为什么要点开这篇文章而不是其他文章。

③Ultra Specific:明确指向,即这篇文章与"我"有什么相关。

④Useful:实际益处,即看完这篇文章能够得到什么。

2.标题设置的方式

基于以上原则,标题的设置可以采用以下几种方式。

(1)提问式标题。

标题以提问的形式,激发客户的兴趣或好奇感。例如:适合三口之家的活动有哪些?

(2)揭秘式标题。

满足客户的好奇心和知识缺口。例如:这间客房竟然让孩子一直念念不忘。

(3)数字式标题。

用数字进行总结或描述。例如:十种住酒店省钱的方式,你试过哪一种?

(4)逆向思维式标题。

用逆向思维或者颠覆性的观点吸引眼球。例如:如何把一家酒店的自助餐厅"吃垮"?

(5)角色设置式标题。

借助权威之口阐述某一观点。例如:食神的选择都在这里。

(6)蹭热点式标题。

以现阶段受众较关注的热门事件或者在网络平台上刷屏的事件为切入点。例如：小猪佩奇还是哆啦A梦？来看看你家宝贝想要选择怎样的儿童节吧！

(7)观点建议式标题。

以知识型总结形成独家观点，并建议客户如何做。例如：精致生活从下午茶开始。

(8)解决方案式标题。

提供解决方案，回答客户焦虑。例如：让孩子度过一个有意义的暑假的八种方法。

(二)内容撰写

酒店数字营销文案的内容撰写同样需要明确受众对象，和客户产生联系，同时要有自己的思想、观点和态度。

对于客户来说，有趣或有用的内容同样能够吸引他们的注意力。有趣的内容，比如通过采取否定性的内容，让客户产生新鲜感和期待感，制造悬念，引发共鸣或者讲故事；有用的内容，比如能够缓解消费者焦虑的内容，或者适当糅合客户已知和未知的内容。

抓住社会热点也是文案撰写的一大利器。

另外，内容的展现形式需要多样化，如通过图片、视频、音乐、投票、表格等多种形式结合，让客户保持阅读的兴趣。

1. 内容开头

内容开头需要在3—10秒内吸引住客户，如果无法在短时间内吸引客户阅读，客户就会直接关闭页面。

开头需要在标题和正文之间起到承上启下的作用，可以解释标题或顺着标题往下说，通过描述利益、阐述痛点、制造悬念、提出问题、制造冲突、营造临场感或描述自己近况等方式引起客户的阅读兴趣。同时，开头也要帮助客户理解文章，保证故事的完整性。

2. 内容正文

有了好的开头，自然要延续好的开头来进行正文的撰写。在正文撰写上，要保证有新鲜度、有干货、有话题，各部分内容之间相互呼应，保持客户的阅读兴趣。

3. 内容结尾

内容的结尾需要再次帮助客户加深印象，如通过总结全文、呼应标题、重申观点、轻松调侃等方式进行结尾。

内容结尾可以引导用户立即行动，如关注、购买、评论、分享或呼吁行动等，以达到酒店数字化营销的目的。

同时，结尾也可以为下一篇做铺垫，如活动预告等。

(三)签名档设计

酒店在新媒体平台进行文案编辑和内容营销时，应该在允许的情况下(各平台有不同的要求)加上签名档，即电子名片。该签名档可以设置在内容的顶部或底端，可以是文字、图片或动画，并且具有广告效果(也可以是广告语)。这样的签名档应该具有行为召唤的作用，引导客户关注、转化和点击阅读原文等。

三、酒店文案内容的排版

除了文案内容本身,内容的视觉效果也非常重要。图文并茂、逻辑清晰的文章有助于客户快速抓住文章重点,形成良好的阅读体验。

(一)标题排版规范

标题要表达简洁,并具有逻辑性。标题排版一定要考虑在手机上的显示,通常长度控制在1行为佳,最多不超过2行。

(二)内容摘要规范

内容摘要是吸引客户打开链接,继续阅读的关键。以微信公众号的内容摘要为例,内容摘要可以自行撰写,字数不超过120字,如果不撰写,系统自动抓取正文前54个字作为摘要。

摘要可以是读后感、感叹、总结,或从一个中心观点入手,延续标题,强化或补充标题亮点,并注重加强推荐和明确阅读预期。

(三)文字规范

一般一篇文章的文字颜色建议不超过3种,在字号上采用适合阅读的14—16号字。

(四)段落规范

在段落的排版上需要考虑不同阅读者的舒适度,排版不能过于拥挤,注重行间距和适当的加粗,以及对齐方式的运用。

(五)图片编辑

图片分为封面图和文字插图,两种不同用途的图片风格搭配应尽量一致。封面图尺寸根据不同平台的要求各有不同,视觉焦点尽量放在图片中间。插图尺寸自由,在保证清晰度的同时大小要适度,以免影响文章的显示效果。

(六)视频编辑

不同的平台对视频的要求会有所不同。以微信公众号为例,可以将视频上传至公众号平台。

视频的时长根据实际内容需求而定,尽量采用3—5分钟的短视频形式。

最后,对于酒店日常营销宣传来说,字体是宣传设计中必不可少的重要元素之一。无论是酒店Logo、宣传海报、内部杂志或网页等,都会涉及字体使用的问题。如果个人或酒店将某些字体或字库在未经版权人许可的情况下用于商业用途,就会涉及侵权。酒店在进行数字营销时一定要谨慎选择字体形式。酒店在进行数字营销宣传设计时,如果不是设计需要并获得使用授权,建议使用免版权、可商用字体,或通过正规渠道购买的具有版权的字体。对于带有公司或品牌名称的字体,需要详细了解是否可以使用。

任务二　图片拍摄与处理

任务描述

酒店图片的使用和图片库的建设,酒店图片的选择和拍摄技巧是本任务的学习重点。

一、酒店图片的使用和图片库的建设

(一)酒店图片的使用

1970年,《科学美国人》杂志发表了拉尔夫·哈柏的一项研究成果。哈柏给受试者看了2560张幻灯片,每一张看10秒钟。受试者需要7个小时才能看完全部幻灯片,但这个时间被分成了很多单独的时间间隔,可以在几天内完成。看完最后一张幻灯片的一个小时后,哈柏另准备了一套与实验用幻灯片相似的25张幻灯片。然后从两套幻灯片中各取一张组成一组,一张是看过的,另一张是很相似但没有看过的,让受试者辨识。结果显示,受试者们辨识的准确率为85%—95%。上面这个实验验证了一个事实,即大部分人对图片、图画或者影像都印象深刻,记忆保存良好。在营销中,图片比文字更加形象,不但更容易让客户记住,而且能够更好地激发客户的兴趣和欲望。一图胜千言,一张精美的图片抵得上客户十句赞美的话。很多"网红"酒店就是因为一张图片吸引了无数粉丝前去打卡。可见,酒店在市场营销过程中,需要高度重视高质量图片的拍摄和图片库的建设,这对酒店引流和促进转化非常重要。

酒店出于商业目的在宣传设计中使用了第三方的图片作品,需要获得图片版权所有人的书面授权,否则属于侵权行为。通常情况下,酒店在开展数字营销过程中出现的图片侵权问题主要包括以下几种情形:第一,直接使用搜索引擎抓取的图片而没有获得使用许可;第二,使用作者明确说明禁止转载的图片;第三,未经原作者同意对图片进行二次加工或者使用;第四,在未经作者同意的情况下对图片进行商用;第五,在图片分享网站有明确的分享规定的情况下违反这些规定进行分享。

酒店在使用图片进行营销时,需要使用具有明确版权来源的图片,包括自行拍摄的照片、付费拍摄的照片,以及从第三方图片库购买的照片。同时,还要注意的是,如果图片里面涉及人物、字体或著名卡通形象等,都需要获得相应的肖像权和字体版权。

(二)图片库的建设

酒店图片库中图片的来源可以分为自有图片和第三方图片。自有图片是酒店拥有

完全著作权的图片。第三方图片主要来自付费的图片库。对于在营销中所用到的创意图片,酒店可以考虑从第三方图片库中购买。自有图片需要酒店自己拍摄或者聘请专业摄影师拍摄。自有图片根据拍摄对象可以分为产品图、景观图、人物服务图、主题服务图和宾客图片,具体内容如下。

1. 产品图

产品图包括大堂、客房、餐厅、前台、菜肴、酒吧、宴会厅、会议室、健身房、游泳池、球类活动场地、月饼、粽子等的图片。

2. 景观图

景观图包括酒店日景、黄昏景、夜景、花园等的图片。

3. 人物服务图

人物服务图包括礼宾员、客房服务员、前厅服务员、餐饮服务员、厨师等的图片。

4. 主题服务图

主题服务图包括婚宴等不同主题的宴会、不同台型的会议室、不同会议主题的会议室、主题活动、自助餐等的图片。

5. 宾客图片

宾客图片包括亲子游客人、商务客人、家庭聚餐等的图片。

二、酒店图片的选择和拍摄技巧

(一)图片的选择

酒店图片库所含的内容非常丰富。选择或者拍摄合适的照片对酒店营销会产生事半功倍的效果。以酒店最重要的产品——客房产品的图片选择和拍摄为例。丰富且高质量的客房图片有利于预订转化率的提升。"携程酒店程长营——学习中心"的调研表明,66%的携程客人表示图片对他们选择酒店的决策的影响非常之大(见图5-1)。人们在线上预订的时候,无论是通过OTA平台还是官网,都会反复比较,因为他们会觉得酒店有很多不确定因素,而通过丰富的场景图片,可以增强其信心。

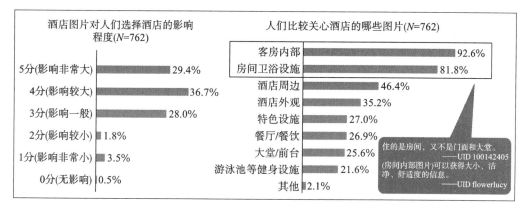

图5-1 酒店图片的类型及对选择的影响程度

为此,酒店在开展数字营销的时候,需要从客房的不同角度精心挑选客户希望看到的客房场景图片。客户更加在意客房内部和卫生间的环境和设施。此外,图片的丰富性也有助于客户更加全面地了解酒店,增加信心。每一种房型,至少应该在线上提供3张不同场景的图片,包括客房内部的设施、卫生间、浴室、窗外景观、装修特点、特色设施、文化氛围等图片。

(二)图片的拍摄

除了考虑图片的丰富性,还需要考虑图片的质量。要想拍摄高质量的客房图片,应考虑以下几方面内容。

1. 构图和用光

高质量的客房图片是"会说话"的销售,让客户能够很快找到满足其需求的要点。因此,每一个场景的图片,都要站在客户需求角度,突出"卖点"主体,而不是只求拍广和拍全,让客户无法快速找到客房的卖点。主体是照片中最重要的部分,无论把它放在照片的哪一个位置,拍摄时都必须突出而鲜明。在构图时要考虑主体是否是画面结构和内容的中心,要保证主体完整。假如你想拍床,就不要露出太多的桌子,假如你的拍摄主体是桌子,就不要让窗户抢占了视线。

构图上要尽可能用均衡式构图,给人以宁静和平稳感,但又没有绝对对称的那种呆板、无生气。还要主体突出而鲜明,色调饱满,光线充足,呈现给人们的是干净整洁的酒店房间,无论硬装还是软装都很协调,让人捕捉不到任何突兀不协调的元素。客房图片最好选择平摄角度拍摄的照片,因为俯拍和仰拍的角度会使画面不均衡。

尽量不要选择逆光拍摄的照片,因为主体可能又黑又暗,破坏了整个客房的舒适感,而用顺光拍摄的照片更加赏心悦目。如果选择白天拍摄,就要关闭客房的窗帘。理想的拍摄时间是一天中的清晨(日出之前)和傍晚(日落之后)一小时左右的时间,这是摄影的"黄金时间",这时候太阳在天空中的位置比较低,照射下来的光线赋予景物丰富的阴影,使得照片更加有质感和立体感。一天中日出之前和日落之后这一短暂的时刻,也称为"Blue Moment"(蓝调时刻),是拍摄客房的最佳时刻,太阳刚好在地平线之下,整个天空会呈现出一种静谧的蓝色,这时候拍摄酒店客房,打开窗帘,窗外呈现较高饱和度的蓝色,配以室内的光线,整个图片由室内橘黄的灯光和窗外湛蓝的天空构成,形成鲜明的冷暖对比,给人温馨、恬静的感觉。

2. 客房布置

高质量的图片离不开拍摄时精心的客房布置。很多高质量的客房图片拍摄会针对不同的细分市场进行不同元素的准备。比如,针对商务客人,准备电脑和办公设备;针对情侣客人,准备浴缸中的玫瑰花瓣;针对亲子游客人,准备儿童设施等。通常境况下,水果、床尾巾、鲜花是客房拍摄必备的。

(1)水果应该选择颜色丰富,不太大的。如香蕉、李子、圣女果及葡萄的搭配色调会比较好看,圣女果换成草莓也行,但是一切都要是新鲜、饱满、好看的。

(2)鲜花需要根据客房的大小来选择,套房可以摆放稍微大一点的鲜花,但是建议以细长的鲜花配瓶为宜。比如蝴蝶兰就是不错的选择,不抢眼,能起点缀作用。

(3)床上用品应用挂烫机熨好,尽量少留褶皱,拍摄时不要出现烟灰缸、垃圾桶及一些较差的纸质宣传用品(酒店方坚持留下的除外),电视线及机顶盒收好放在电视后面。

窗帘需要配备绑带并绑好。

（4）确保客房内所有的灯都可以正常使用且色温一致，比如床头灯坏了一个，拍摄时则需要两个一起换。

（5）洗手间的洗浴用品需要摆放整齐。

（6）卫生间马桶盖需要盖好，为保证色调统一、不突兀，卫生间的塑料拖鞋应提前收好避免入镜。浴室的毛巾叠放整齐。

（7）注意选择能够反映客房细节特色的照片，比如挂在墙上的画、书桌上的明信片、沙发上的抱枕、桌面上的香薰烛台等。

（8）选择有在客房工作的基层员工的照片，因为他们是灵魂。他们与客人用心沟通时的微笑、招呼和汗水都是能够打动人心的。

任务三　短视频制作

 任务描述

短视频的定义和形式，酒店短视频的建设形式和内容，短视频的制作流程是本任务的学习重点。

一、短视频概述

（一）短视频和短视频营销的定义

短视频，也就是短片视频，是目前互联网视频内容的传播方式之一，一般通过互联网和新媒体平台进行传播，适合在移动状态和短时休闲状态下观看，时长从几秒到几分钟不等。一般短视频的时长在3分钟以内，虽然内容较短，但可以单独成片，也可以成为系列栏目。短视频具有生产流程简单、制作门槛低、制作周期短、参与性强等特点，成为移动视频未来的发展主流。短视频营销，主要是通过短视频平台将产品、服务等信息传递给消费者并促进销售。近年来，消费者和品牌越来越倾向于通过社交媒体互相交流，并且广泛应用于旅游目的地营销。

（二）短视频形式

酒店短视频的表现形式如下。

（1）幻灯片类短视频：有序整合归类图片，以幻灯片形式展示过程。

（2）全景类短视频：如用360度全景记录技术展示客房、餐厅、康乐设施等。

（3）记录类短视频：如餐厅厨师教导菜肴制作的方法与过程、调酒师的调酒讲解等。

(4)专题类短视频:如酒店/旅游目的地的背景故事、周边吃喝玩乐及旅游名胜的介绍等。

二、酒店视频库的建设

(一)酒店短视频的建设形式

酒店短视频的建设形式如下。
(1)幻灯片视频:有序整合所有图片,幻灯片式展示过程。
(2)360度全景:客房、餐厅和会议室全景。
(3)人物特写:酒店管理人员面向镜头,为客户介绍酒店产品和服务信息。
(4)解说视频:现场阐述服务,如菜肴制作过程、新型健身器材使用方法等。

(二)酒店短视频的建设内容

酒店短视频的建设内容如下。
(1)外景:酒店主办或赞助的活动,如新年晚会。
(2)酒店运营的幕后花絮:如厨房餐饮准备过程。
(3)产品演示:教客人如何使用酒店设施,及时展示酒店服务、产品和设施更新。
(4)员工访谈:最佳员工视频宣传,凸显酒店人性化的一面,会让潜在客户觉得这个酒店是有生气的,而不是一幢徒有设施的建筑物。
(5)客人访谈:拍摄客人在酒店的愉快时光。
(6)其他:拍摄酒店周边举办的不同主题活动;拍摄同一地区的季节性变化;在获得许可的情况下,记录在酒店召开的活动和会议。

酒店在使用短视频进行营销时,要注意视频和音频的版权问题。视频内容往往包含背景音乐和视频画面。首先,在背景音乐方面,一定要注意所用音乐是否是有版权的音乐,有版权的音乐在没有得到创作者允许,没有支付版权费用时,不能进行传播、下载。

酒店要想做到合法使用视频素材,可以从以下几方面入手:第一,保证所有视频画面都是自己的原创内容;第二,使用视频分享平台或视频发布平台的免费视频素材库,或付费使用第三方授权使用的视频素材;第三,成为第三方视频平台的付费会员,有偿使用视频素材。

三、短视频的制作流程

短视频的制作流程分为以下五个步骤。

第一步是前期准备工作,包括人员的配备、拍摄设备(见图5-2)和收音器材的准备、专项单独技术的学习(如需要操作某个设备),只有第一步准备充分,才能更好地进行下一步。

第二步是内容脚本策划,也就是短视频的内容是什么,以什么样的方式表达,怎么

图 5-2　拍摄设备

样对观看的人起到实际作用,等等。这些都需要经过内容脚本策划才能按照既定的方案去制作短视频。脚本示范如图 5-3 所示。

序号	镜头	画面内容	声音	备注	时长
1	摇,跟	走进镜头	走路的声音		2秒
2	定	目光定在一张海报上,慢慢走近			2秒
3	推				1秒
4	全		嘈杂的声音和音乐声		2秒
5	推,摇,跟		嘈杂的声音和音乐声(大)		3秒
6	特写				1秒
7	特写		师姐的声音		2秒
8	特写				1秒
9	全,中	其他人站成一排			1秒
10	全		数拍的声音		4秒
11	字幕	5分钟后检查	音乐声伴随(逐渐变小)		2秒
12	全	其他人一起跳	音乐的声音		2秒
13	特写	动作	音乐的声音		2秒
14	全				1秒
15	字幕	第二天			1秒
16	中	多人围观			1秒
17	特写				1秒
18	特写	海报的特写	失落的音乐		1秒
19	字幕	几天过后			1秒
20	字幕	显示女孩内心的纠结			2秒
21	近景—特写	女孩拿出电话拨出去			1秒
22	特写		激昂的音乐响起		1秒

图 5-3　脚本示范

第三步是拍摄,也就是按照已经策划好的内容方案运用一定的拍摄设备与人员进行有序的拍摄。拍摄时要按照内容脚本策划的素材,对这些素材进行归类、备注好名称

（见图 5-4），以免后期剪辑时因素材过多而混乱。

图 5-4　短视频素材文件

第四步是后期处理。这个阶段需要将拍摄的原始素材按照脚本进行处理，按故事线剪辑和排序。这也称为"初剪"或"粗剪"，剪辑成一个没有旁白和音乐的版本供预览。在初剪得到认可之后，就进入了正式剪辑阶段，这个阶段也称为精剪，即要对初剪不满意的地方进行修改。例如，对光线不足的问题进行校正，对素材颜色进行后期调色等。后期调色是为了让视频的整体性得到保证，让画面的对比度、饱和度能真实、统一地呈现。还可选择进行艺术调色处理，艺术调色需要对颜色理解精准，否则会很难把控。然后进行特效加工和编辑、去粗取精、配音配乐等，最后输出为成片。

第五步就是视频做好之后，导出视频文件。常见的视频编码格式有 HEVC（H.265）、AVC（H.264）等，其中同等文件大小的视频里，H.265 编码的视频的画质是最好的。在视频编码格式方面，我们通常选择 H.264 格式，同等文件大小的视频里可以保持相对较高的清晰度。视频帧率方面通常保持在每秒 25 帧左右，过高的帧率对视频质量的提高没太大帮助，反而会影响导出的效率。视频分辨率方面，保留视频原有的分辨率即可，如果高清视频想舍弃一些清晰度从而缩小文件大小，则可以按照宽高比例进行设置。市面上常见的视频比例以 16∶9 和 4∶3 为主。

常见的视频后期剪辑软件有 Adobe Premiere Pro（见图 5-5）、Edius、Vegas、Final Cut Pro、绘声绘影。常见的视频后期特效软件有 DaVinci Resolve（见图 5-6）、Adobe After Effects（见图 5-7）、The Foundry Nuke、Blackmagic Design Fusion Studio、Autodesk Maya、3D Studio Max、Cinema 4D。

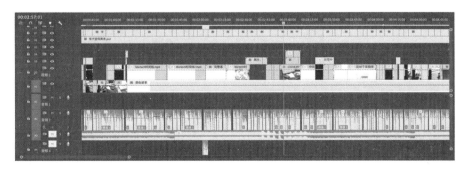

图 5-5　Adobe Premiere Pro

图 5-6　DaVinci Resolve

图 5-7　Adobe After Effects

任务四　数字营销的法律法规

任务描述

随着互联网技术的发展,酒店越来越重视数字营销,但却经常在数字营销时忽视所涉及的法律问题,其中最常见的当属知识产权问题。知识产权,也被称为知识所属权,是权利人对自己智力活动创造的成果和经营活动中的标记和信誉所依法享有的权利,主要包括著作权、专利权和商标权。很多酒店在开展数字营销活动的过程中,往往需要优质的图片去传递产品和服务价值以及品牌形象,但如果没有经过图片所有者许可而直接在酒店官方网站或者微信公众号上使用,就侵犯了他人的著作权,为酒店经营带来违法的风险。因此,酒店营销人员必须了解和遵守相关的法律和法规。除上述任务中提到的文字、图片和视频的版权问题外,酒店在营销过程中需要注意的法律有《中华人民共和国广告法》《中华人民共和国电子商务法》《中华人民共和国网络安全法》和《中华人民共和国民法典》。

一、《中华人民共和国广告法》

随着互联网技术的不断发展,互联网用户不断增加,网络消费群体异军突起,广告形态也在不断演进,互联网广告已成为商品生产经营者及服务提供者的重要选择。酒店在实施数字营销的过程中,应加深理解《中华人民共和国广告法》(简称《广告法》)关于互联网广告的规定,以增强酒店风险防范意识。酒店常见的互联网广告风险主要体现在两方面:使用广告法限制用语或发布虚假广告。

广告法限制用语的使用落实到数字营销实践中,主要涉及《广告法》明确提出的禁止使用"国家级""最高级""最佳"等用语。因此,酒店在实施数字营销时应禁止使用"最受欢迎""最先进""第一"等词汇。如果酒店确实想要应用相关词汇,则应提供相应量级的证据以避免违反《广告法》的规定。

很多酒店在实施数字营销时,往往会对酒店提供的产品、服务或使用效果进行夸大宣传。因此,较容易违反《广告法》中关于虚假广告的规定,如"商品或者服务不存在的""商品的性能、功能、产地、用途、质量、规格、成分、价格、生产者、有效期限、销售状况、曾获荣誉等信息,或者服务的内容、提供者、形式、质量、价格、销售状况、曾获荣誉等信息,以及与商品或者服务有关的允诺等信息与实际情况不符,对购买行为有实质性影响的"。要避免"虚构使用商品或接受服务的效果""以虚假或者引人误解的内容欺骗、误导消费者的其他情形"等违法行为。

因此,酒店在实施数字营销,尤其是进行互联网广告发布,利用海报、宣传页等做宣传时,应规范广告用语,避免使用"最""第一""国家级"等绝对化用语,并且不能夸大商品和服务的效果,不能通过欺诈手段诱导消费者点击商品链接等。广告内容引用数据、统计资料等应真实、准确并注明出处。此外,对于一些服务、图文的描述,有广告目的的,必须标注清楚"广告"字样,以避免违反《广告法》。

二、《中华人民共和国电子商务法》

随着互联网技术的不断发展和中国网民数量的不断增长,越来越多的消费者通过网络平台购买酒店提供的商品或服务。为规范商家网络销售行为和保护消费者权益,2018年8月31日,第十三届全国人民代表大会常务委员会第五次会议表决通过了《中华人民共和国电子商务法》(简称《电子商务法》),该法已于2019年1月1日起正式施行。因此,酒店在实施数字营销时应严格遵守《电子商务法》的相关规定,特别应注意以下事项。

(1)不得删除消费者评价。

《电子商务法》明确规定,商家应当为消费者提供对平台内销售的商品或者提供的服务进行评价的途径,不得删除消费者对其平台内销售的商品或者提供的服务的评价。因此,酒店在实施数字营销时,不得删除消费者的评价。

(2)应显著提示商品搭售。

《电子商务法》明确规定,商家搭售商品或者服务,应当以显著方式提醒消费者注意,不得将搭售商品或者服务作为默认同意的选项。因此,酒店在进行数字营销时若有商品搭售的情形,应有显著提醒标识。

(3)禁止大数据"杀熟"。

数字营销的实施可以根据不同消费者的消费偏好做到"千人千面",但《电子商务法》明确规定,商家根据消费者的兴趣爱好、消费习惯等特征向其提供商品或者服务的搜索结果的,应当同时向该消费者提供不针对其个人特征的选项。因此,酒店在实施数字营销时若有针对消费者个人特征提供商品、服务的情形,要一并提供非针对性选项,通过提供可选信息,保护消费者的合法权益。

三、《中华人民共和国网络安全法》和《中华人民共和国民法典》

对个人信息保护不仅仅是法律的规定以及酒店的社会责任,也事关酒店是否能够得到消费者的信任。我国已经有多个法律法规对个人信息保护进行了规定。2017年6月开始实施的《中华人民共和国网络安全法》(简称《网络安全法》)规定:个人信息,是指以电子或其他方式记录的能够单独或与其他信息结合识别自然人个人身份的各种信息,包括但不限于姓名、出生日期、身份证件号码、个人生物识别信息、地址、电话号码等。但是移动设备ID、网站Cookie、社交媒体ID是否属于个人信息,在《中华人民共和国网络安全法》中没有说明,而这些ID是酒店开展数据驱动的精准营销所需要的关键信息。虽然《信息安全技术 个人信息安全规范》(GB/T 35273—2020)将网络身份标识信息(个人信息主体账号、IP地址、个人数字证书等)、个人上网记录(包括网站浏览记录、软件使用记录、点击记录等)、个人常用设备信息(包括硬件序列号、设备MAC地址、软件列表唯一设备识别码等)、个人位置信息(包括行踪轨迹、精准定位信息、住宿信息、经纬度等)等都列举为个人信息,但因为不是法律,因而不具备法律效力。不过要注意的是,在具体法律案例中,该国标有可能作为其他法律解释的依据,因此,酒店也要高度重视。2020年开始实施的《中华人民共和国民法典》(简称《民法典》)将个人健康信息、行踪信息都视为个人信息。《民法典》规定,处理个人信息的,应当遵循合法、正当、必要原则,不得过度处理。

为了避免触犯法律,酒店在开展数字营销时,虽然不可避免地要采集个人信息数据,但要获得被收集数据个人的同意。个人同意包括三个类型:默认同意、明示同意和授权同意。欧盟的《通用数据保护条例》(简称GDPR)要求个人信息主体明示同意应在完全知情的基础上自愿给出。授权同意和默认同意在实际操作过程中,非常容易被滥用,因此难以保证数据主体的权益。

此外,为了避免出现法律风险,酒店在采集个人数据时,最好用"脱敏"的技术,去个人信息化,比如采用加密技术加密个人ID信息。

实训任务一　官方网站内容编辑

一、任务目的

本任务要求从在线运营角度对酒店官方网站的作用和结构进行学习,并通过酒店官方网站内容管理系统对内容进行优化和对搜索引擎进行基础优化的设置,让学生能够:

(1)了解酒店官方网站在其多渠道营销中的作用和意义。

(2)理解酒店官方网站的内容编辑要求和搜索引擎的基础优化概念。

(3)掌握酒店官方网站内容管理系统的使用方法。

二、任务描述

(一)任务背景

官方网站是酒店开展数字营销的基础工具。虽然随着 PC 互联网时代转向移动互联网时代,酒店进行品牌宣传的工具逐渐转为"双微一抖一红"(微博、微信、抖音和小红书),它们是获取移动端流量的主要阵地,但在很多情况下,承接流量和实现消费者最终转化(注册或者预订)还是需要官方网站的支持。在信任度方面,官方网站起着其他数字营销工具还不能替代的作用。如果一个酒店没有官方网站,消费者就无法从互联网上搜索到,这是有损酒店形象和消费者信任度的。酒店官方网站已经不仅仅是宣传用途,更为重要的是以消费者需求为核心,为消费者创造良好的使用体验并同时实现酒店的营销目的。

(二)学习重点

1. 酒店官方网站

官方网站是酒店(集团)发布专用、权威、公开信息的互联网平台,是为消费者提供产品预订、会员服务最为直接的工具。官方网站是酒店直销的重要工具,起着承接流量的作用。

酒店官方网站的核心功能通常包括:

(1)酒店及品牌信息介绍。

(2)新闻、促销等信息发布。

(3)产品和服务展示。

(4)在线预订服务。

(5)会员服务和奖励计划。

2. 酒店官方网站的内容编辑

常见的酒店官方网站架构如图 5-8 所示。

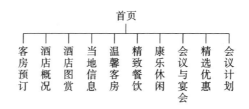

图 5-8 酒店官方网站架构

(1)从用户角度来说,官方网站内容编辑需要考虑:

①提供酒店客房、餐饮、康乐等产品和服务详细的图文信息;

②提供地理位置、联系方式等有用的信息;

③提供酒店周边的休闲娱乐信息;

④提供最新优惠促销和活动信息;

⑤提供最优惠价格预订和实时确认服务;

⑥提供订单和个人信息的修改功能;

⑦提供多种联系方式;

⑧提供隐私安全承诺。

(2)从营销角度来说,官方网站内容编辑需要考虑:

①提供精美而丰富的图文信息,向消费者传递酒店的品质和服务设施;

②提供客房、餐饮、会议和宴会、康乐等产品的详细信息,帮助消费者了解产品详情;

③提供高效、便捷的客房预订服务,以便获得更多的订单;

④提供更多品类产品的销售服务,增加酒店的线上收入;

⑤提供优惠和促销信息,吸引更多潜在消费者参与;

⑥提供会员注册和会员计划介绍,获取更多的潜在消费者;

⑦提供客户忠诚计划,提升消费者的复购率。

3. 搜索引擎优化

搜索引擎优化即 Search Engine Optimization,简称 SEO,是指利用搜索引擎收录、展示和排序的规则来提高网站在搜索引擎内自然排名的营销方法。能对网站进行搜索引擎基础优化,是数字营销经理的基本技能要求。

搜索引擎优化的主要工作包括结构优化、关键词优化、内容优化、链接优化等。其中,结构优化主要是在建站前期优化,而日常的网站运营主要是关键词、内容及链接的优化。

关键词是搜索引擎优化中的关键概念,是对网页核心内容的概括,并能满足用户特定的搜索需求。网页一般选择 1—3 个核心关键词,围绕核心关键词展开内容并合理分布。TDK(T 代表网页标题、D 代表网页描述、K 代表网页关键词)标签是关键词分布的重要位置,搜索引擎会根据 TDK 标签的设置内容对网页进行展示,对网站中的页面进行 TDK 标签设置是搜索引擎优化的基础工作。

内容(包括文字、图片等)是衡量网站质量的重要标准,通常包括原创性、新鲜度、相关性及可读性的优化。优质的网站页面应该保证内容的高度相关与原创性,定期更新,并且能够给用户提供丰富且表述清晰的信息、能够给用户带来良好的阅读体验。

链接优化包括站内链接优化和站外链接优化。站内链接优化是指在同一个网站域名下的内容页面之间的互相链接,在日常的网站内容维护时(如发布促销内容、新闻动态等)可适当增加内部链接,提高网站内部链接数量与页面之间的相关度。站外链接优化主要是通过外部方式引流。

三、任务书

某高星级酒店发现其官方网站在百度搜索引擎的排名出现了下降。通过对该酒店名称进行搜索,排在搜索结果第一页的除OTA网站上的该酒店详情页外,还有一个是"伪官方网站",域名和酒店名称类似但不是酒店的官方域名。而酒店正式的官方网站排在搜索结果第二页。此外,通过对网站流量数据进行分析,网站预订的转化率很低,跳出率很高。

经过多方面咨询,酒店数字营销团队决定了官方网站营销的对策:一方面,联系搜索引擎针对伪网站进行申诉;另一方面,对官方网站进行内容优化和搜索引擎的基础优化。

四、任务工具

本任务所用的技术工具如下。
(1)网站内容管理系统:用于官方网站各页面内容的设置。
(2)官方网站/微信公众号/小程序:在设置网页内容后,通过模拟的前端网站页面进行查看。

五、任务实施步骤

(一)流程图

官方网站内容编辑流程包含以下四大模块(见图5-9)。

首页设置 ⟶ 网页内容管理 ⟶ 图片维护 ⟶ 新闻管理

图5-9 官方网站内容编辑流程

其中,网页内容管理包含网站各栏目的信息采编。

(二)关键步骤

1. 首页设置

首页通栏图设置如图5-10所示。

官方网站首页是给客人留下第一印象的窗口,访问者在首页通常有三个问题:这个酒店品质如何?地理位置如何?有什么优惠吗?如果官网首页不能在3—8秒内"解答"访客的这几个问题,就无法留住访客继续访问。因此,首页的通栏图、文字描述、动态地图、点评、精选优惠推荐等几个要素是留住访客的关键。

图 5-10　首页通栏图设置

2.网页内容管理

酒店各栏目网页内容设置包括酒店概况、经营场所信息等(见图 5-11)。

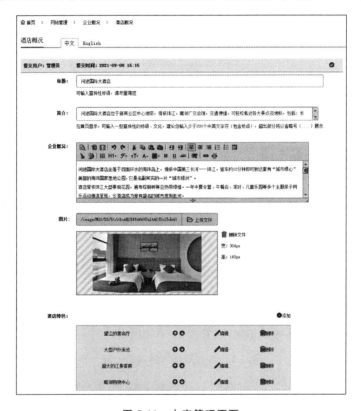

图 5-11　内容管理页面

内容管理系统使用的是所见即所得的富文本编辑器,可录入文字、图片、链接等信息并进行排版。

进行内容策划时,一方面需要从用户角度出发,提供用户需要的信息,如酒店特色、酒店设施、交通方式、周边环境等;另一方面需要从搜索引擎角度出发,合理嵌入关键词,方便搜索引擎收录及排名。

3.图片维护

优质的图片有助于提升访客的停留时间以及最终的转化率。在内容管理系统中,通栏图、图片库、正文图片、场地和产品图片等有不同的设置和维护位置(见图5-12)。

图 5-12 网站图片维护

其中,通栏图可以链接到指定的站内页面或者站外页面,常见的做法是将图片链接指向促销以及活动页面。

4.新闻管理

酒店经常会举办促销、品牌活动、节事活动等,这些新闻事件不但有助于提升酒店的品牌形象,而且在官方网站上提供"新鲜"的内容,也是搜索引擎对网站进行收录和排名时的重要考虑因素(见图 5-13)。

在内容管理系统中,除了对新闻内容进行图文上传,还需要考虑搜索引擎的基础优化,包括页面的 TDK 标签与自定义 URL 网址的优化。

六、任务注意事项

(1)内容需要从用户角度出发,同时考虑关键词的选择与合理分布。
(2)图片在确保清晰度的情况下,不能过度放大,以免造成页面加载过慢。

七、任务完成结果与评价

(一)任务完成结果

在前端网站页面可以查阅实训任务中设置的首页、栏目页面、新闻页面的文字及图片。

(二)任务完成评价

(1)能理解并能说明学习重点中的几个概念。
(2)前端网站页面展现的文字、图片等内容是否合理、美观,能否吸引用户注意、给用户提供有用的信息。

图 5-13 新闻维护

八、任务拓展

(1)搜索引擎优化相关知识的了解,可课外阅读《百度搜索优质内容指南》《百度APP移动搜索落地页体验白皮书》等相关内容。

(2)可进一步根据酒店目标市场的不同,优化网站的文字、图片等内容。

实训任务二 微信公众号的搭建

一、任务目的

本任务要求基于酒店开展直销的需求,并结合用户需求角度对酒店微信公众号的建设方法、实施步骤和内容设计进行项目制学习,让学生能够:

(1)了解微信公众号的类型和建设步骤。

(2)了解微信公众号的管理系统。

(3)理解酒店微信公众号的用途和栏目设计。

(4)掌握酒店微信公众号的菜单栏目内容创建方法。

(5)掌握酒店微信公众号的互动方式和设置方法。

二、任务描述

(一)任务背景

微信公众号是酒店开展市场营销和客户服务的基础工具,起着信息展示、产品预订、用户服务、会员服务、用户互动的作用。

微信公众号的菜单栏也是与用户互动的重要工具。一个公众号最多可以设置3个菜单栏,每个菜单栏可以设置5个子菜单。微信公众号的菜单栏可以设置成各个页面或者小程序的入口。

(二)学习重点

1. 微信公众号的管理系统

微信公众号的管理系统分为原生管理平台和第三方管理平台。由微信提供的官方管理后台称之为原生管理平台。原生管理平台所提供的功能是满足酒店通用型的需求,但对于个性化需求就很难满足。不同的酒店会有不同的应用场景和需求,因此,微信提供接口,允许拥有技术开发能力的第三方来开发更多的应用功能。第三方开发者会根据微信官方提供的 API 接口进行定制化功能的开发,并由第三方管理平台"接管"微信原生管理平台的所有功能。接管是基于用户体验的考虑,因为让用户同时登录两个管理系统去管理同一个微信公众号非常不方便。

2. 酒店微信公众号及菜单栏目的搭建

微信公众号已经成为酒店开展在线直销的主要工具。酒店需要从用户需求角度去考虑公众号的功能设置。酒店客人访问微信的动机包括:

(1)获取酒店优惠和近期活动信息:用户点击优惠栏目并浏览和优惠相关的二级栏目。

(2)了解会员服务权益:用户点击会员的栏目并浏览和会员权益相关的二级栏目。

(3)了解酒店服务设施和设备。

(4)对比酒店房价。

(5)了解酒店周边信息。

(6)服务请求和问题咨询。

自定义菜单是微信公众号会话页面中主要与用户产生交互的功能。根据上述需求分析,酒店微信公众号栏目搭建可以考虑如下(见图 5-14)。

每个酒店的市场定位、产品和服务、营销目的不同,微信公众号的自定义菜单结构也不同,并且会根据酒店的营销活动、节事安排而进行动态调整。因此,酒店微信公众号的栏目结构并没有一个统一的标准,而是从用户需求角度和酒店营销目的出发,充分考虑用户的使用和浏览体验,合理布局公众号的栏目结构。

在进行微信公众号栏目策划的时候,要考虑酒店面向的细分市场的整体解决方案,主要的目标市场要有策略性地多分配一些栏目或者落地页。比如酒店主要的一个细分

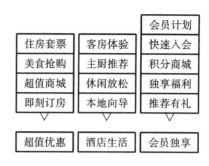

图 5-14　酒店微信公众号栏目示意图

市场是亲子市场,那么菜单或者落地页中要有"亲子套餐""亲子设施""亲子活动"等内容,当潜在目标用户点击这些内容的时候,可以根据其访问点击的侧重点及倾向来进行内容的推荐。

3.微信公众号的关键字回复和微信消息互动

公众号可以利用关键词自动回复功能,针对不同需求的用户提供快速指引。当用户根据指引回复关键词时,公众号立即回复对应关键词的内容。对于关键词判断,如果关键词有较多相近词汇的话也可组成词组,匹配其中一个关键词便可以触发消息回复。

微信公众号支持根据用户的请求动作进行多种方式的消息回复,比如微信模板消息、微信图文消息、微信图片消息和微信文本消息。微信模板消息是微信为公众号运营者提供的消息推送功能,消息以固定格式的模板通知粉丝。

三、任务书

为了更好地为用户提供预订及会员服务,以及加强与用户的互动联系,某酒店开通了微信公众号并开始进行搭建,包括菜单栏目、自动消息回复和关键字互动的相关设置。

(1)菜单栏目架构参见上述酒店微信公众号栏目示意图。

(2)自动消息回复:当用户关注公众号时,自动推送欢迎文本消息。

(3)关键字互动:

①当用户发送已设定的关键字(如"1"或"客房"或"预订"),自动推送客房介绍及预订链接。

②当用户发送的关键字无匹配回复时,自动推送互动引导内容。

四、任务工具

本任务所用的技术工具如下。

(1)微信营销管理系统:用于微信菜单栏目的搭建与互动内容的设置。

(2)官方网站/微信公众号/小程序:在设置网页内容后,通过模拟的前端网站页面进行查看。

五、任务实施步骤

(一)流程图

微信公众号菜单栏目的设置流程如图 5-15 所示。

微信公众号菜单栏目的创建与发布 ⟶ 微信自动消息回复的设置 ⟶ 微信关键字互动设置

图 5-15　微信公众号菜单栏目的设置流程

(二)关键步骤

1. 微信公众号菜单栏目的创建与发布

(1)一级菜单栏的创建如图 5-16 所示。

图 5-16　一级菜单栏的创建

(2)二级菜单栏的创建(见图 5-17)与内容关联:设置二级菜单栏名称,并设置菜单类型与内容关联。菜单的响应可根据实际情况选择不同的菜单类型(见图 5-18),包括点击推送消息(如推送图文消息、文本消息等)、跳转 URL(如官网链接、小程序链接等)。

(3)菜单发布:菜单栏目设置完成后,将菜单正式发布至线上(见图 5-19)。

2. 微信公众号自动消息回复的设置

(1)回复消息内容设置:选择回复内容的类型,设置关键字,关键字匹配选择"模糊匹配",设置消息回复内容(见图 5-20)。

(2)关注后消息回复关联:进入自动回复设置,在"关注事件的回复内容"中选择上一步设置好的消息内容(见图 5-21)。

3. 微信关键字互动设置

(1)回复消息内容设置(见图 5-22 和图 5-23)。

(2)无匹配消息的回复内容关联(见图 5-24)。

图 5-17　二级菜单栏的创建

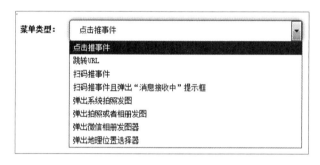

图 5-18　菜单类型

图 5-19　菜单发布

(3)关键词回复互动示例(见图 5-25)。

六、任务注意事项

菜单栏目设置完成后,需要发布才可以在虚拟微信公众号上查看。

七、任务完成结果与评价

(一)任务完成结果

(1)能够成功创建与发布微信菜单栏目,并在虚拟微信公众号中查看。

图 5-20　回复消息内容设置（文本消息）

图 5-21　关注回复消息设置

图 5-22　客房预订关键词回复内容设置

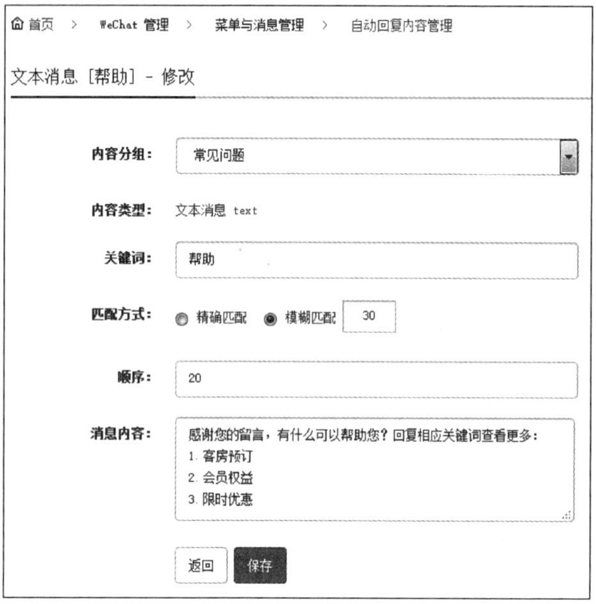

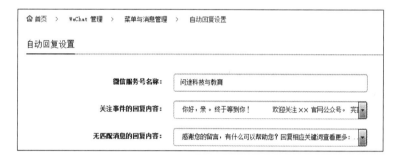

图 5-23　无匹配关键词回复内容设置

图 5-24　无匹配消息的回复内容关联

图 5-25　关键词回复互动示例

Note

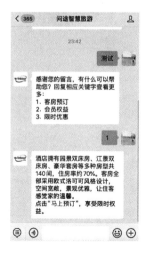

(2)关注后能够收到感谢欢迎关注的消息。

(3)发送预设关键字能够收到相关的回复内容,发送其他任意关键字收到统一预设回复。

(二)任务完成评价

(1)能理解并说明学习重点中的几个概念。

(2)微信公众号收到的回复是否合理、菜单栏目的构建是否合理、能否成功进行关键字的互动。

八、任务拓展

(1)了解不同类型的微信公众号有什么区别,以及公众号的基本申请和认证流程。

(2)学生在进行本任务实训时,可通过微信搜索酒店相关案例,分析总结常见的微信公众号菜单栏目及回复设计,并整理相关素材在系统进行设置。

项目小结　通过对酒店数字营销文案策划及发布等内容的学习,以及对近些年我国颁布的《广告法》《电子商务法》《网络安全法》和《民法典》等法律知识的了解,学生能够掌握酒店数字营销的基础技能。

项目六
酒店营销技术工具应用

 项目描述

酒店可利用官方网站、微信公众号、小程序和其他在线工具与数字用户建立直接沟通渠道,吸引新老顾客直接进行产品预约或订购,为顾客提供线上服务。本项目介绍了直销平台的组成系统、酒店直销平台的客户端系统、酒店直销平台的服务端系统,以及酒店通过直销平台提升销量的技术应用;分析了酒店客人在预订、入住、住店和离店阶段的消费者旅程的关键接触点互动。帮助学生学会运用用户深度运营之道,使学生能够在整个消费者旅程中,在每一个接触点,都进行用户连接的策划,然后采集和分析用户的数据,并基于用户数据,自动触发合适的产品和服务的解决方案。

 项目目标

知识目标
1. 了解直销平台的组成系统和酒店直销平台的客户端系统。
2. 了解酒店直销平台的服务端系统。
3. 了解酒店通过直销平台提升销量的技术应用。

能力目标
1. 具备通过直销平台提升销量的能力。
2. 掌握用户深度运营的技术应用。
3. 掌握酒店数字营销效果分析的技术应用。

素养目标
1. 提升思想道德素质。
2. 养成良好的职业行为规范。

项目六　酒店营销技术工具应用

知识导图

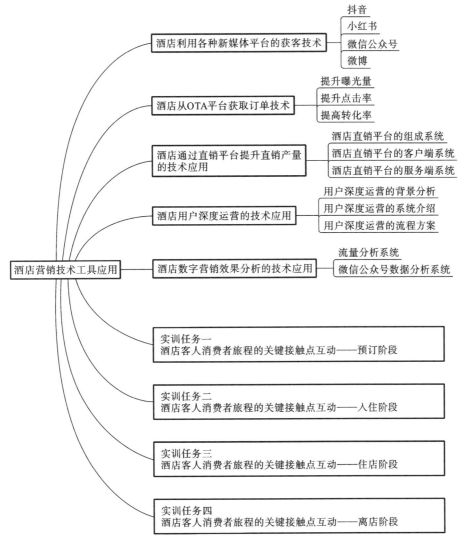

学习重点

本项目重点是用户深度运营之道在消费者旅程中的运用。

项目引入

酒店数字营销技术工具的技能

拓展视频

了解"问途杯"数字营销技能大赛推荐企业

任务一　酒店利用各种新媒体平台的获客技术

任务描述

本任务旨在使学生了解并掌握酒店利用各种新媒体平台的获客技术。

一、抖音

(一)抖音的定义、产品定位与功能

抖音是一款主要致力于拍摄与发布音乐创意短视频的移动社交软件,用户可以通过应用(Android版或iOS版)上传或选择已有歌曲,根据音乐拍摄短视频,保存本地并发布到网络。抖音的产品定位和产品功能如图6-1和图6-2所示。

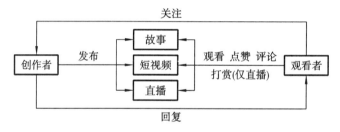

图6-1　抖音的产品定位

(二)抖音的特征

(1)抖音传播具有迎合青年表达自我价值需求的特征。
(2)抖音传播具有草根原创、内容多样性特征。
(3)抖音迎合了人们快节奏、碎片化的阅读习惯。
(4)抖音满足了年轻人对多元世界的好奇。
(5)抖音具有去中心化、模仿演绎、养成互动的特征。
(6)抖音传播具有本土化特征。

(三)抖音的获客技术

1. 主题定位获客

抖音的标语是"记录美好生活",结合目前抖音上的一些热门视频,可以总结出适应于抖音底层逻辑的拍摄内容包括高颜值的帅哥美女、搞笑段子、爱演的"戏精"、唱歌、弹琴、绘画、跳舞、技能教学类、创意类、特效,反串、萌娃、萌宠、美景、旅游分享、卡通动漫、

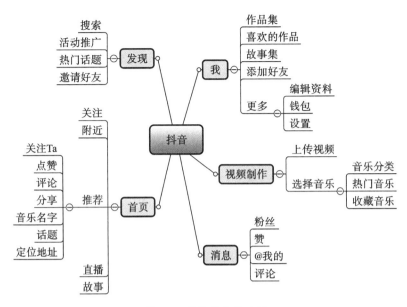

图 6-2 抖音的产品功能

真实感人的故事、人物瞬间、扶贫助农类、化妆类、穿搭及店铺测评、记录农村生活日常等。

2.制作获客

1)拍摄技巧

第一,拍摄过程须快速进入主题,不说废话,充分利用好每一帧的画面。第二,视频的标题、文案、与视频内容相搭配的音乐都是一个引流视频的重要组成部分。好的视频标题可从以下几方面着手:标题中应指出目标用户群;使用疑问句或反问句;标题中含有建议性内容;多使用数字或者数据;强调价值和省钱;加入流行词、知名品牌、时事热点等;设置悬念、激发用户好奇心等。

2)拍摄技术

抖音跟其他短视频平台相比,它要求视频整体的风格比较潮酷、年轻化,它还要求画质、拍摄技巧有一定的水准。抖音上热门的视频中,竖屏比横屏更多。竖屏相较于横屏来说,多用聚焦、特写、大特写等表现形式,可以凸显人物的主体地位,放大局部细节,内容更有直观性和互动性。

3)拍摄时长

抖音短视频的基础视频时长是 15 秒,粉丝量达到一定基础后,可获得拍摄 60 秒、3 分钟,甚至更长的视频时长的权限。如果拍摄的视频内容不充分,单纯的特效或其他的视频时长要在 7 秒以上,低于 7 秒的视频可算作没内容的视频。

3.流量池获客

视频要想登上热门,首先要了解抖音流量池推送的具体规则。抖音发布成功的每一个作品都会进入抖音流量池,视频是否能登上热门与它在流量池中的表现有关。评判视频在流量池中表现的标准主要取决于 4 个指标:点赞量、评论量、转发量以及完播率,权重顺序是:完播率>点赞量>评论量>转发量。

4."蹭流量"获客

1)@粉丝数量多的账号或抖音小助手

发布视频的时候可以@粉丝数量多的账号或者抖音小助手,这样就有机会获得这些粉丝数量多的用户点赞你的视频。如果视频是与别人合拍的,一定要@合拍对象,这相当于给自己的视频"蹭流量",可以为视频带来更多的曝光量。

2)"蹭热度"获客

"蹭热度"更容易上热门,"蹭热度"需要注意以下两点:一是挑选的事件要与抖音账号的调性高度相符,也就是你的热点事件和你的账号类型属于同一类型;二是借助热点事件发表自己的观点,观点最好符合当下舆论导向,容易引起共鸣。

二、小红书

(一)小红书的运营模式

关于小红书试图打造的"虚拟城市"体验,小红书合伙人曾秀莲有如下解释:"城,是指小红书的社区。大到一次毕业旅行,小到一碗泡面,用户在这里分享日常生活,做真实的自己。市,是进行交易的场所,是电商、零售、广告等商业,人们在这里进行消费。"而"城"与"市"之所以能够勾连在一起,是因为"先有城,再有市,建好城市再迎四海宾客"。通过人工智能和算法,小红书更高效地连接内容、商品和人,形成了"城市"中四通八达的"马路"。与此同时,生活在"城市"中的人们也在分享美好、点赞美好的过程中彼此陪伴、彼此认同。正是这座"城市"的便利和"城市"中人与人之间深刻的情感联结,让这些居民们在小红书的"城市"中乐此不疲,并选择在此"长期定居"。这体现了小红书的运营模式(见图6-3)。

图6-3 小红书的运营模式

(二)小红书的获客技术

1.主题定位获客

与抖音相比,小红书对内容类别有了明确划分,包括学习类、美食类、时尚类、家具家装类、母婴类、萌娃类、旅行类、护肤类、阅读类、个护类、校园类、搞笑类、明星类、情感类、影视类、Vlog、萌宠类、美甲类、游戏类、彩妆类等。每种大类中又能进行更详细的划分,每种主题中都有流量爆款笔记和视频,这些爆款的关键点不在于主题,而是内容本身的创作质量。

2. 笔记内容获客

第一，用标题吸引注意。小红书群体较为年轻化，对产品有性价比高的需求，内容标题可适当体现低价；描述客户群体的特征越清晰、越具体，就越能抓住人们的注意力；标题出现场景时，会在消费群体大脑里形成一种画面感，从而引起注意、唤醒需求。

第二，写好笔记开端。小红书的特点是注重分享，通过观察分析会发现，很多爆款笔记读起来就像一个很亲密的朋友在和你分享或推荐，有很强的生活气息。因此，好的开端可以从第一人称"我"来讲自己的故事或者自己的发现，也可以抓住自己和粉丝之间的关联，以"我们"的角度来叙述，或者抓住痛点，为粉丝解决问题。

第三，介绍("种草")产品。可以先介绍产品使用的场景，如酒店环境，告知消费体验后的真实感受，介绍各个项目或活动价格，可以留给粉丝强有力的推荐语，并留下购买链接，最后感谢粉丝，还可以请求点赞、评论、转发等。

3. 引流获客

1) 笔记首图充分展现特色

图片是小红书笔记的一大特色。MCN机构工作人员多次提出图片处理能力对一名小红书博主的重要性。多图发布是当下小红书社区笔记的常态，首图重在突出笔记的要点和整体内容，图片内容则因人而异。图片上限为9张，考虑到内容丰富度，建议博主一次发6至9张图。多图背景下，首图的重要性不言而喻。小红书发布图片只有两个尺寸标准，3∶4或正方形。首图的选择技巧如下。

(1) 笔记的重点内容放在首图中。

为了既有信息量，又保证图片的视觉干净，可以将几张图以九宫格、拼图形式融入首图。

(2) 人物和使用效果图展示。

在首图中展示人物和使用效果，可以方便粉丝更加直观地了解笔记中的产品。

(3) 将产品特点最大化。

除了直接放产品图片，还可以将该产品最吸引人的一些特点标注在图中。

(4) 添加对比图。

常见的有产品使用前后对比图、健身/减肥前后对比图、穿搭对比图等。通过对比带来视觉冲击，抓住眼球。

(5) 单人出镜图。

这类首图在穿搭、街拍、旅行类笔记中使用较多。

2) 图片视频拍摄符合审美

图片清晰、明亮，色调正常，符合整体基调。视频适当配合字幕讲解，背景音乐合适，日常Vlog主题明确，吸引眼球。

三、微信公众号

(一) 公众号的定义与类型

目前提到的公众号通常指的是微信公众号，微信公众号指的是个人或组织在微信公众平台上申请的账号，通过这个账号，个人或组织可通过文字、图片、语音、视频等形式与特定群体进行互动。

微信公众平台账号类型有服务号、订阅号、企业微信（原企业号）和小程序。与服务号、订阅号不同，企业微信是微信为企业提供的一项专门服务，旨在帮助企业、政府机关、学校、医院等企事业单位和非政府组织建立与员工、上下游合作伙伴及内部IT系统间的连接，并能有效地简化管理流程、提高信息的沟通和协同效率、提升一线员工的服务及管理能力。小程序是一种新的连接用户与服务的方式。开发者可以快速地开发一个小程序，小程序可以在微信内被便捷地获取和传播，具有出色的使用体验。服务号与订阅号也存在许多不同点，表现为以下几个方面：①从运营主体来看，服务号的运营主体是企业或组织，不能是个人，而订阅号的运营主体既可是组织也可是个人；②从功能定位来看，服务号主要为用户提供服务、订阅号主要为用户提供信息，服务号可申请自定义菜单，普通订阅号不支持申请自定义菜单、认证订阅号可以申请自定义菜单；③从消息推送量来看，服务号一个月（按自然月）内只能推送4条消息，而订阅号一天（24小时）内可推送1条消息；④从消息提醒来看，当服务号将消息推送给用户时，用户会收到消息提醒，且推送的消息会直接显示在用户的微信消息栏，而订阅号则存在于订阅用户的通讯录中，当订阅号将消息推送给用户时，用户收不到消息提醒，被推送的消息也不会直接显示在用户的微信消息栏，而是被集中放入微信消息栏中的"订阅号"文件夹中。

根据发布的内容，微信公众号可以划分为以下几个类别（见表6-1）。

表6-1 微信公众号分类

类别	传媒资讯类	商业讯息类	生活服务类	行业知识类	政务信息类
细分	传统媒体、门户网站、自媒体等	旅游、酒店、餐饮、银行等	文化、时间、情感、健康、公益等	教育、军事、农业、法律、科技等	党建、政府、宣传、公安、司法等
案例	人民日报 央视新闻 新华视点 新浪科技	迈点 创业邦 蓝鲸浑水 中国建设银行	乐活记 十点读书 健康中国 蔚蓝地图	多鲸 鉴军堂 大农圈 法律读库	党建网微平台 中国政府网 海关发布 警苑心语

根据微信公众号运营主体的不同，又可将微信公众号细分为企业类、媒体类、政务类和个人类，如表6-2所示。

表6-2 微信公众号细分

类别	企业类	媒体类	政务类	个人类
功能	产品推广 获得利润	提供新闻资讯 发表独家观点	政务公开 服务便民	传播特色内容 获取关注度
案例	中国铁建 裸心度假 万达集团	澎湃新闻 人民网 文旅中国	文旅之声 中国政府网 上海发布	寂地 回忆专用小马甲 Lulu的旅行日记

(二)公众号的传播特征

微信公众号及公众平台传播学的相关研究认为,微信公众号作为微信的一个功能性平台,相比传统媒体,它具有独特的优势,表现如下。

1. 传播主体多元化

微信公众号的传播主体如前所述,呈现企业、政府、媒体等组织与个人的多元主体特征。

2. 传播内容形式多样化

微信公众号有原创信息与非原创信息、纯文本或图文结合、突破时间限定的语音信息、本地视频或网络小视频等各种内容形式,还可以通过超文本链接进入微博、微社区等互联网平台。

3. 被传播对象主体能动性凸显

微信公众号传播主体自身无法选择受众进行信息推送,其信息传播的前提是受众的自主关注,这就给予了用户极大的自主权,用户可以根据自己的兴趣爱好选择关注或取消关注某一公众号;此外,用户还可以通过在线互动、留言互动、微社区互动等多种方式来进行评价或发表观点。

4. 传播模式的多种融合

微信公众号与用户沟通的方式分为消息推送、自动回复、一对一交流等。以微信公众号为中心,向订阅用户进行信息推送,再经用户层层转发至朋友圈,可以实现大范围的社会传播。

(三)公众号获客技术

1. 广告获客

目前,微信公众号主要通过嵌入广告的形式帮助商家吸引顾客和实现顾客流量转化。微信公众号广告以类似公众号文章内容的形式在文章底部、文章中部、互选广告和视频贴片四个广告资源位进行展示。

(1)文章底部。

微信公众号底部广告出现在公众号图文消息底部,支持公众号、移动应用、电商推广、品牌活动、销售线索、卡券等多种类型的推广。推广页适用样式包括视频式卡片、大图式卡片、图片式卡片、图片式Banner、图文式Banner等。

①品牌推广。广告可以帮助广告主实现海量品牌曝光,传递品牌调性,强化品牌形象,赋能多种推广页以满足不同广告跳转效果,辅助以小程序礼品卡等生态内产品,配合精准定向,实现品效合一。

②门店推广。公众号底部广告可以详细介绍门店信息,具有拉起地图导航、一键拨号等功能,进一步向感兴趣的用户介绍门店并引导用户到店消费。

③收集销售线索。自定义链接,广告主按需定制商机联系表单,能帮助广告主高效收集销售线索,开发潜在客户,以更可控的成本获取更高的效益。

④电商推广。点击广告后直接调起商品购买页、促销活动页、商城等成交转化页面,转化链路短。小商户和大商城都可以在这里找到适合自己的广告投放方案。

⑤卡券推广。广告主可以利用"线下活动＋线上微信卡券"结合推广的形式,利用卡券推广扩大活动触达用户,引导用户线下到店进行核销,扩大线下活动影响力,同时还可以利用卡券核销数据进一步进行用户数据分析。

⑥推广公众号。广告展示在公众号阅读场景内,充分吸引公众号文章阅读高频用户,一键关注高效转化,助力公众号快速壮大账号规模,构建粉丝生态。

(2)文章中部。

广告出现在公众号文章正文中,可以增加广告曝光机会。广告与公众号文章上下文具有相关性,能够提高广告转化效率。文章中部的广告适用于电商、品牌与App广告主进行商品推广、品牌推介与应用推广,16∶9大图形式有利于展现与传递更多商品、品牌与App信息,小程序落地页为广告主提供了更强的粉丝转化和沉淀能力,自定义链接满足了广告主更个性化的创意表达。

(3)互选广告。

互选广告是广告主和流量主通过微信广告平台双向互选、自由达成合作的一种投放模式。根据与流量主的合作深度,互选广告支持广告推荐与内容定制两种合作模式。广告推荐支持流量主在文章末尾植入广告宣传语及广告卡片,广告宣传语作为本次推广想要传递的核心信息,将作为文章内容的一部分放置在广告卡片上方,文章主题及内容无强制要求与广告相关,文章内容经过预览后无须审稿确认即可发布。广告推荐按合作文章进行收费,且流量主会设置承诺曝光,完成承诺曝光,即按照约定价格进行收费,多余的曝光为赠送曝光;未完成承诺曝光,则按比例进行收费。内容定制指的是流量主的文章主题、内容均为广告主定制化撰写,文章末尾亦有广告卡片;内容定制双方可就内容合作的具体需求进行沟通和协商;文章内容经广告主审稿确认后方可发布;内容定制按文章进行收费,无承诺曝光。

(4)视频贴片。

视频贴片广告内嵌在 Wi-Fi 及移动通信环境下的公众号文章内时长大于3分钟的视频前,可以更好地吸引用户的注意力,增加用户广告停留时长,提供不同素材类型,展现形式多样。

2.传播获客

(1)公众号的传播效果。

①内容原创度:公众号所发布的原创文章篇数占总文章篇数的比例。

②多媒体使用度:用视频、音频、图片等多媒体形式的发文篇数或总发文篇数。

③公众号发文质量:根据公众号的具体内容,对其发文质量进行综合评估。

④功能拟合度:公众号在"功能介绍"中的自我定位、自我认知同其发布内容之间的贴合程度。

⑤趣味度:根据公众号发布的具体内容,对其趣味度进行综合评估。

(2)内容传播法则。

①"蹭热点":学会抓住相关行业事件的热点;任何好的内容或者行业新知识,都应该快速地传递给用户。

②鼓励互动:在发布后引导用户进行点赞、评论、转发、投票等;可以让用户在阅读后,分享一下自己的故事或者经历;在用户评论后,及时跟用户进行互动,在互动中不断

地去深入了解用户,知道用户的本质需求,根据用户反馈的意见或者建议选择性地做出调整。

③吸引客户的目光:在读者开始阅读时,题目最好可以在一秒钟内吸引用户的目光;阅读量高的文章,一定要有一个有吸引力的选题和好的文章开头。

3.内容质量获客

从用户角度,令用户满意的微信公众号要从以下几个方面考量。

(1)用户期望。

用户期望是指在微信公众号中获得的满足比预期的要好,在使用微信公众号中获得的益处比预期的要多。

(2)感知有用。

感知有用是指微信公众号能够让用户了解最新资讯(热点问题、实时资讯等),能够提升用户的学习、生活、工作质量(增长知识、提供生活服务、优惠活动等)。

(3)感知娱乐。

感知娱乐是指微信公众号能够提供有趣好玩的内容,能够为用户带来学习、工作、生活的乐趣,有助于用户消磨闲暇时光。

(4)内容丰富度。

内容丰富度是指微信公众号提供的信息种类比较齐全,内容丰富,表达方式多样化(图文、音频、视频等),表达清晰明了,广告和营销类信息较少,提供的信息质量比较高(注重原创和专业性),真实可靠。

(5)感知服务质量。

感知服务质量是指微信公众号的排版设计简洁大方、操作简单,易于搜索信息,推送时间和频率比较合理,不会过多收集个人资料和隐私,提供了用户反馈意见的渠道(留言和评论等),对于用户所反馈的信息能够及时回应(关键字和数字回复等)。

四、微博

1.微博的定义与特点

微博(Micro-blog)是指一种基于用户关系的信息分享、传播以及获取,通过关注机制分享简短实时信息的广播式的社交媒体、网络平台。微博的关注机制分为单向、双向两种。微博注重表达出每时每刻的思想和最新动态。

2.微博的获客技术

(1)微博获客技巧。

①价值传递:微博内容的价值传递很重要,一篇分享专业知识的微博就是在传递价值给粉丝。

②人性化:微博内容要做到人性化、有血有肉、生动有趣。

③互动性:呼吁粉丝点赞、评论、转发等以增强粉丝的活跃性。

④系统性:微博内容可以将专业知识分享、热点博文内容、个人化内容和产品等整合发布。

⑤抓热点:借助热点话题,吸引更多流量。

⑥品牌化:通过微博内容的个性化、真实化与独特性,逐渐塑造微博品牌。

(2)微博"蹭热搜"获客。

通过在微博内容中加入热搜词来引流,但需要注意话题或产品要和热搜内容相关,"蹭热搜"时不要发广告。

(3)微博长文章获客。

微博长文章撰写的标题技巧包括设置悬念、提问引导用户评论、标题中包含数字;内容技巧包括全部原创、首段原创、首段关键词、图文并茂、首尾呼应;封面图片技巧包括高清、布局美观、图片与文字结合。

任务二　酒店从OTA平台获取订单技术

任务描述

本任务旨在使学生了解并掌握酒店从OTA平台获取订单的技术。

酒店在OTA上运营的核心问题是如何获取流量,提升转化率,以及增加订单量。这里首先要懂得几个计算公式:

$$订单 = 曝光量 \times 点击率 \times 转化率$$
$$订单 = 流量 \times 转化率$$
$$流量 = 曝光量 \times 点击率$$

注:曝光量是指多少客人通过列表页(图)等渠道看到该酒店;流量是指在一段时间内,客人对酒店详情页(图)的访问量;点击率是指客人看到酒店时,多大比例的人会点击进入酒店详情页;转化率是指从酒店的详情页到最终形成订单的转化。

酒店吸引流量并提高订单量要从提升曝光量、点击率、转化率等方面入手。

一、提升曝光量

商家酒店信息通常显示在OTA平台的列表页上,曝光量可以从排名曝光和搜索曝光等角度进行提升。

1.排名越靠前的酒店曝光量越高

商家可以通过优化各个平台的排名影响指标来提升综合经营水平以达到提升曝光量的目标。综合多个平台,影响酒店排名的主要指标如下。

(1)间夜量:间夜量指的是酒店销售出去的实际的客房间夜数量,间夜数量的提升可以通过优化售卖产品、合理制定价格、采取多种产品售卖方式(推特价房、小时房)等来实现。

(2)营业额:营业额通常是指一个营业周期内的实际收入总额,酒店可通过积极参加促销活动、优化价格、不拒单等方式进行优化。

(3)酒店图片:据数据分析,20张以上的图片会提升用户浏览量,而图片拍摄的光线明亮度、画质清晰度、内容整洁度等也会影响他们的评价和兴趣,继而影响酒店排名。

(4)信息完整度:酒店名称、地址、设施、房型等文字信息,酒店内外部环境、设施、房间等的图片信息,以及酒店的预订政策信息、提示信息等的完整性都会影响酒店在平台的排名。

(5)用户满意度:用户满意度是一个重要的评价指标。提升用户满意度是一项系统的工作,总体来说商家应做到诚信经营、提高服务质量、争取用户好评,要时时关注后台的评价,及时处理并改进服务质量。

(6)拒单率:拒单率=预约失败订单数÷预约总订单数,拒单对OTA平台的负面影响极大,所以这是一项非常重要的排名评价标准,拒单率高的酒店的排名会直接下降,甚至被平台置底。这就需要酒店预订部及前台在满房时,马上更新系统的房态及房量,以避免客人误点。

(7)差评维护率:差评维护率=商家对用户的差评回复数÷用户差评总数,客人在搜索酒店时,往往看的不是好评,而是差评,所以,差评对客人的决策影响较大,对酒店客房的销量影响也很大。酒店需及时关注后台的评价情况,及时回复、用心处理客人的差评。

(8)确认时长:一般情况下,平台要求酒店在5分钟内确认客人的订单,并以此作为考核酒店合作意愿的重要指标,及时处理订单可有效降低客户取消订单的概率,5分钟处理率=5分钟内处理订单量÷总预订订单量。

(9)违规违约:违规违约是一种不良的、缺乏诚信的商业行为,包括逃单、刷单、作弊、到店无房、到店加价、实际与公布信息不相符等。一旦出现这些行为,酒店将会受到平台删除销量、降低排名或置底等惩罚。

(10)预留房:预留房是商家为OTA平台预留的房间,是OTA平台竞争流量的基础,平台会优先推荐和出售预留房,这对于提升酒店客房销量大有益处,并且预留房越多酒店获得的流量就越多。例如,美团建议酒店每天至少提供10间预留房。

(11)点评数量:通常酒店的点评数量要远远低于销售数量,酒店的点评数量越多就能间接地说明酒店的受欢迎程度越高,这样的酒店的成交率也越高,这遵循了消费者的从众心理。在保证优质服务的基础上,酒店可以在客人入住的第二天开始提醒客人进行住宿点评,但一定要采取合法合规的方式,例如,越早点评送给客人的积分越多,禁用威逼利诱的方式获得点评。

(12)点评分数:数据显示,点评分数与转化率的相关系数达到95%,点评分数是线上运营酒店的核心竞争力,而优质的服务是酒店获得高点评分数的根本,因此,需要适当提醒客人不要忘记点评。点评内容越真实、字数越多,客人获得的积分也越多。

(13)价格竞争力:酒店客房要有一定的价格优势才能产生竞争力,商家要时刻关注不同平台同类型酒店的价格定位,然后做出定价决策;同时,还可以通过参加平台的任务或促销活动来让利于客户。

(14)佣金比例:这一点可能会被很多酒店忽略,佣金是OTA平台的重要收入来源,酒店通过OTA平台每卖出一间房,平台都会从中抽取一定比例的佣金,OTA平台要想获取更大的收益,就会把那些佣金比例高或者整体出租率高的酒店排在前面。

 知识拓展

影响酒店的排序

携程对酒店的排序分为七种,其中最常用的是欢迎度排序,它是指当只选择城市和入店离店日期时,各种酒店出现的排序标准。商家可进入 E-booking 的生意通的商机中心页面查看酒店表现概览,并通过完成任务来优化指标(见表6-3)。携程根据评分将酒店分为特牌、金牌、银牌等等级。

表 6-3 欢迎度排序影响指标

排序分	评估方向	评估指标	分数
客户价值分	评估酒店受欢迎度、贡献度	总间夜量、总营业额	5
服务质量分	评估酒店服务品质、预防服务缺陷	5分钟确认订单、保留房和FS订单比例、无缺陷订单数、闪住、到店无房、到店无预订、确认后满房、确认后涨价、操作错误、承诺服务未提供	5
价格感受分	评估酒店性价比、价格竞争力	价格竞争力、价格变化幅度	5
房源保障分	评估酒店提供给平台的房源数量、质量	保留房和FS订单比例、酒店房态良好	5
信息优势分	评估酒店在平台的信息完整度及评价	信息的真实性与完整性、酒店点评分	5
商户诚信分	评估酒店诚信经营情况	低价保障、拖欠平台服务费	5

美团的 HOS 指数

HOS(Hotel Operation System)指数是美团用于评估酒店总额经营水平的评分体系,包括平台贡献、酒店质量、合作意愿三大类指标(见表6-4)。商家可以进入 E-booking 的后台查看 HOS 指数,并根据提示对指标进行优化。平台按 HOS 指数将商家评级为银冠、金冠、彩冠三个等级。

表6-4 评分指标

指标类型	对应指标	分数
平台贡献	预订消费间夜	5
	营业额	5
酒店质量	图片	5
	用户满意度	5
合作意愿	拒单率	5
	差评维护率	5
	确认时长	5
	违规违约	5
	预留房	5

2. 增加搜索时的酒店曝光量

从客人搜索的角度，OTA平台会为客人提供多种搜索条件，除上述按酒店的综合经营情况的排名外，还有按好评、点评数、低价优先、高价优先、直线距离、星级、特色等方式排序。商家可从这几个角度来优化提升搜索曝光量。其中，星级是较客观的因素，比较难以改变；特色方面，商家可以从设施、早餐、支付方式多样化等方面来创造；价格方面，商家可以考虑价格区间的兼容性，尽量向下兼容（例如，将300—400元变成299—400元），有条件时，也可以向上兼容（例如，300—400元变成300—401元），以便被筛选到。

3. 促销增加曝光量

在OTA平台列表页的顶部或底部通常会设促销专栏，例如，天天特价、周末特惠、优享会酒店、门店新客、开业惊喜价、节假日特惠、补贴特价等活动。在搜索条件下还会设有优惠促销栏供客人选择，所以商家通过参加各种促销活动，可免费增加酒店曝光量。

4. 精选酒店曝光

OTA平台还会在首页推出精选酒店专栏，通过客人真实点评、出游数据沉淀、动态实时更新等指标来评定。

5. 裂变曝光

相较于站内曝光的方式，OTA平台还给酒店提供站外曝光的途径，例如，携程提供的流量收割机活动。当客人预订酒店后，可以参与砍价活动，根据平台的要求将酒店转发给亲朋好友，向外传播，从而达到更多曝光的效果。

6. 直播曝光

直播曝光是OTA平台推出的另一种站外曝光方式，商家可以开通直播，进行酒店、民宿等直播活动，平台将推选出优质的商家给予推荐精选，平台官方也会对优质的产品进行直播售卖,提高产品曝光率。

二、提升点击率

一般来说,每家酒店新上线后,OTA平台都会给其展现的机会。如果新上线的酒店在点击率方面表现较好,平台往往会给其分配更多的流量。影响点击率的因素有很多。

1. 酒店首图

酒店在列表页的信息展示卡片中,左侧的图片称为酒店首图。因为网络预订不同于线下预订,客人无法像线下那样进行全方位感知,所以酒店首图在向客人直观展示方面就显得非常重要。在现实中,不少客人就是看到酒店的首图后,出于图片对其的吸引力从而点击进入。

2. 展示标签

在列表页中,每个酒店都可以显示诸多标签,包括点评数量、点评分数、点评的高频词、促销信息、支付方式、位置、已预订人数、特殊服务、设施设备、早餐、停车等各种标签。其中,点评分越高、点评数越多、点评标签越正面,对客人点击进入酒店详情页的激励作用越大;其他标签可在客人的二次比较选择中发挥决策支持作用。其中,位置呈现的直观性有助于客人判断酒店与交通枢纽(动车站、机场)、活动目标(景区景点等)的距离;支付方式的多样性给客人以便利感,特别是支付方式方便客人退房离店,例如,飞猪的"信用住"、携程的"闪住"、美团的"溜溜住"等。

3. 售卖起价

客人在预订酒店时,价格是其关心的重要因素。售卖起价通常是指在客人选定日期范围内的最低卖价。在产品相似的情况下,客人更倾向于选择高性价比的酒店。

三、提高转化率

当酒店列表页成功吸引了客人的兴趣,客人点击进入酒店详情页后,通常会因促销活动、点评内容、取消政策、即时确认、有无早餐、周边环境等因素来做出是否购买的决策。

1. 促销活动

促销活动标签和价格优惠提示大大提高了流量的转化率(据统计,转化率可增加10%);每个OTA平台都为商家设置了各种类型的促销活动,例如,天天特价、周末特惠、门店新客、开业惊喜价、节假日特惠、补贴特价、今夜甩卖、连住优惠、提前预订、限时抢购、多间立减、积分兑换、积分抵扣、付费延住、延迟退房、提前入住等,商家可根据营业时间(如淡旺季、周末、节假日等)、营业状况(如销量不达标等)来选择参加哪种促销活动。

2. 点评内容

在列表页,客人只能看到点评数量、点评分数、频次高的点评语;进入详情页后,客人会关注更详细的点评内容。OTA平台将点评内容做了区分,包括环境、服务、设施、地理位置、清洁程度、性价比等类别,还提供可选择的好评、差评、有图、有视频、关键词展示(如交通便利、前台热情等)、重购意图(还想再次入住)等查看方式。据研究,人们更偏爱图片、视频等直观类的信息,且信息越直观越能激发购买意向和购买行为。商家需鼓励客人上传形象生动、不同角度的客房及其他设施的图片。

3. 取消政策

免费取消的转化率较高,商家可在淡季设置免费取消项;旺季可设置特别紧张房源来提高客人的紧迫感,促进买单,同时可采取阶梯取消、限时取消、不可取消等政策。

4. 即时确认

服务的及时性影响客人对酒店服务质量的判断,处理时长是商家真实运营行为的反应,所以商家在日常的管理过程中应强化培训员工在OTA平台规定的时间(5分钟)内及时处理客人订单。

5. 有无早餐

预订客房是否附带早餐与客房的定价有关,定价低的客房通常不附带早餐,商家可以附加促销活动或权益活动,让利于客人,降低无早餐带来的决策犹豫。

6. 周边环境

酒店详情页会提供周边环境,如餐饮、娱乐、购物场所的列表及链接,每个餐饮店、娱乐场所、商场等都可在地图上直观地显示出来,这不是影响转化率的主要因素,但是缺失了这些信息或者信息很简略,会让客人对OTA平台和商家的服务态度产生怀疑。

任务三　酒店通过直销平台提升直销产量的技术应用

任务描述

本任务旨在使学生掌握酒店通过直销平台提升直销产量的技术应用。

一、酒店直销平台的组成系统

酒店直接营销平台(简称"直销平台")是酒店业利用自己的官方网站、微信公众号、小程序和其他在线工具与数字用户建立直接沟通渠道,吸引新老顾客直接进行产品预约或订购,为顾客提供线上服务或向会员提供专属权益和服务的工具。

如图6-4所示,酒店直销平台分为客户端、服务端和数据分析端。客户端的使用者是消费者,消费者可以通过官方网站、移动端应用、社交媒体应用与酒店直接沟通和交易;服务端的使用者是酒店相关管理员,包括市场营销人员、酒店预订与客户服务人员、酒店系统运维人员。管理员通过服务端的各种管理系统,即通过包括预订引擎、会员管理系统、商城管理系统、内容管理系统和网络支付接口来管理客户端上的各类信息、产品和服务。数据分析端的使用者是酒店数据分析人员,用于分析直销平台的客户数据、销售数据和其他使用数据，以便通过数据发现问题和优化流程，从而驱动酒店在线直销业绩不断提升。

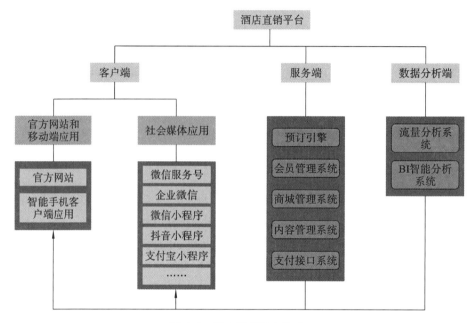

图 6-4　酒店直销平台构成

二、酒店直销平台的客户端系统

（一）官方网站和移动端应用

1. 酒店官方网站

酒店官方网站是酒店开展在线直销的基础工具，是酒店在互联网上的虚拟店铺。主要的功能包括酒店信息展示与发布、产品和服务介绍、预订、会员服务和奖励计划。早期的酒店网站都是在个人电脑的浏览器中访问的，智能手机的普及改变了消费者搜索信息的习惯，针对 3.5 英寸到 6.5 英寸的手机端浏览的手机网站越来越重要。手机网站是针对手机屏幕单独设计的，具有良好的访问体验。智能手机用户的首要需求是在移动网络中能够使用手机快速预订，因此，手机网站需要使用便捷，突出预订、订单查询、优惠和会员登录功能。

由于消费者会在个人电脑、智能手机和平板电脑上搜索和访问网站信息，响应式网站（Responsive Site）可以解决一个网站兼容多个访问终端设备的需求。响应式网站能够智能地根据用户使用的设备环境（包括系统平台、屏幕尺寸、屏幕定向等）进行相应调整。用户使用笔记本电脑、平板电脑、手机甚至电视机访问同一个网站时，网站均可以根据用户的访问设备自动切换分辨率、图片尺寸和脚本功能等。

2. 智能手机客户端

智能手机客户端是指在智能手机上通过下载并安装的方式以获得相关信息和服务的应用程序。从操作系统上，客户端可以分为 iOS 端、安卓端和华为鸿蒙 Harmony OS

端。iOS 端只能从 App Store 下载,而安卓端的应用商城则非常多,不同手机品牌都有自己的应用商城,华为鸿蒙 Harmony OS 端是针对华为鸿蒙操作系统开发的应用程序。

旅游及酒店业的应用程序主要分为预订类 App 和服务类 App 两种。

(1)预订类 App:提供产品信息浏览,库存和价格查询、产品选择、预订、支付、取消、会员注册、登录、优惠券领取和会员信息查询、修改等服务。

(2)服务类 App:提供信息浏览和旅游服务,以酒店行业为例,主要是为住店客人提供礼宾、自助门锁、客房内设备控制、闹钟提醒、客房送餐、客房清洁、周边美食及旅游景点推荐等服务。

(二)社交媒体应用

1. 微信服务号

截至 2021 年第三季度末,微信每月活动账户总数已达到 12.63 亿。鉴于微信在中国市场的高普及率,微信公众平台已经成为绝大多数酒店必不可少的对客沟通和服务平台。

微信公众平台包括服务号、订阅号、小程序和企业微信四种账号类型(见图 6-5)。在酒店的直销工具中,以微信服务号为主。之所以使用服务号,而不是订阅号,是因为订阅号是定位于资讯传播,主要应用场景是为用户提供有价值的信息。服务号是定位于客户服务,以为酒店客户提供服务为主要目的。

图 6-5 微信公众平台账号类型

当酒店通过微信服务号向客户提供服务时,可以通过微信提供的客服接口并根据客户的不同触发动作进行消息互动。需要注意的是,这些消息都是被动回复的,不是向客户主动发送的。使用的场景包括:

(1)客户发送信息;

(2)点击自定义菜单(仅有点击推事件、扫码推事件、扫码推事件且弹出"消息接收中"提示框这三种菜单类型会触发客服接口);

(3)关注公众号;

(4)扫描二维码;

(5)支付成功。

2. 酒店微信

酒店微信是定位于酒店专业的管理工具,与微信消息、小程序、微信支付互动,助力酒店高效办公和管理。在酒店基于微信社交关系的客户关系管理中,酒店微信具有五大应用场景。一是客户联系,通过酒店微信可以直接添加客户的微信为好友,通过单聊或群聊为客户提供服务。酒店可查看并管理成员添加的微信客户,对离职成员的客户再分配。二是客户群管理,酒店可查看并管理成员的客户群聊、对离职成员管理的群聊再分配。客户群人数最高可达500人。三是客户朋友圈互动,可将活动信息、产品动态、专业知识等内容发表到微信朋友圈,并与客户评论互动。四是小程序接入,将小程序接入酒店微信中运行和使用,可通过与微信消息互通,由员工发送给微信客户使用;也可配置到工作台,给员工内部办公使用。五是酒店支付,酒店可绑定微信支付商户号,开通酒店支付。由员工向微信客户收款,款项打入酒店账户,还可给员工发红包来付款。

3. 小程序

小程序是一种无须安装或下载即可使用的应用,使得用户可以便捷地获取服务。小程序实现了应用"触手可及"和"用完即走"的体验,用户只需要在微信中搜索或者调用扫一扫功能即可找寻和打开小程序。和App相比,小程序能让用户无须担心手机中是否安装和存储太多不常用的App,它无处不在,随时随地可以使用,具有丰富的功能和良好的使用体验,但又无须安装卸载。从开发者角度,小程序开发平台提供和封装一系列接口,有利于帮助开发者快速开发和迭代。

随着小程序的普及,支付宝、抖音、百度等平台都陆续向外界开放小程序。在酒店业,小程序的服务场景很多,如产品预订、服务预约、客户互动等。不同平台的小程序依附各自的平台生态和支付体系。

在酒店的直销平台中,面向私域流量运营和本地客源市场的酒店商城小程序越来越重要。酒店根据客源定位和市场销售需要可以开发依附不同平台的小程序商城,如微信小程序商城、抖音小程序商城、支付宝小程序商城等。

1)微信小程序

在酒店的直销工具中,基于微信客户端的预订小程序、会员小程序、商城小程序是较常见的应用。在微信客户端中,用户可以通过以下方法找到小程序。

(1)线下扫码:小程序最基础的获取方式是二维码。用户可以在微信中打开"扫一扫",通过微信扫描线下二维码的方式进入小程序。但小程序不支持长按识别二维码打开,也不支持在"扫一扫"内打开本地相册中的二维码打开,只可通过"扫一扫"直接扫码打开小程序。

(2)微信搜索:在微信客户端最上方的搜索窗口,用户可以通过搜索获取小程序或通过"发现"入口内的"搜一搜"进行小程序搜索。

(3)公众号关联:公众号可以关联小程序,用户可通过公众号资料页、图文消息、模板消息等场景进入小程序。一个公众号可关联10个同主体小程序、3个不同主体的小程序。一个小程序最多可关联500个公众号。

(4)好友推荐:当用户发现一个好玩的或者实用的小程序,可以将这个小程序,或者它的某一个页面转发给好友或群聊。但小程序无法在朋友圈中发布分享。

（5）历史记录：当用户使用过某个小程序后，在微信客户端中点击"发现"页面的"小程序"，就可以看到该小程序，想要再次使用它时，通过"最近使用"列表中的历史记录就可以进入，也可以通过搜索进入。

消息是小程序的重要组成部分，用户可以通过自主订阅消息获取小程序的相应服务通知。小程序消息订阅功能分为一次性订阅消息、长期订阅消息和设备订阅消息三种情况。一次性订阅消息用于解决用户使用小程序后，后续服务环节的通知问题。用户自主订阅后，小程序可不限时间地发送一条对应的服务消息，每条消息可单独订阅或退订。一次性订阅消息可满足小程序的大部分服务场景需求，但线下公共服务领域存在一次性订阅无法满足的场景，如航班延误，需根据航班实时动态来多次发送消息提醒。为便于服务，小程序提供了长期性订阅消息，用户订阅一次后，小程序可长期发送多条消息。但目前长期性订阅消息仅向政务民生、医疗、交通、金融、教育等线下公共服务开放。设备订阅消息是一种特殊类型的订阅消息，它属于长期订阅消息类型，且需要完成相关设备接入才能使用（如设备发生故障、设备耗材不足等）。

2）抖音小程序

根据字节跳动的小程序开发平台上的介绍，抖音是一个帮助大众用户表达自我，记录美好生活的短视频平台。抖音小程序以"看见并连接"为愿景，赋能平台，帮助抖音便捷、可控地连接全互联网的延展内容和相关服务，为用户触达、粉丝运营、定制化营销等提供更多的想象空间。用户可通过抖音了解最新的热点内容和事件，还可以通过各种智能匹配音乐、一键卡点视频、原创特效、滤镜等记录美好生活。无论是原创音乐人、京剧演员、大学教授、非遗传承人、烧烤摊老板、快递小哥等，都能在抖音一展所长，记录生活，展现他们的生活妙招、美食做法、旅行攻略、科技知识等各种实用内容。

抖音小程序的优势有以下四点。

（1）提供丰富的开放能力与功能。目前，抖音支持账号一键授权、订单中心、支付、快速增加短视频锚点、分享和拍抖音带小程序入口等功能，帮助开发者丰富小程序的形态，为用户打造方便、快捷、极优的使用体验。

（2）精准、多渠道的信息分发。小程序可以同时连接信息流内容分发场景与搜索场景，以优质内容直接精准触达用户，借助玩法进行用户的拉新、沉淀和促活。

（3）丰富的交互和运营玩法。利用小程序的能力，实现定制化、多样化的交互场景，丰富运营玩法，形成新的粉丝运营阵地。

（4）有效完成营销闭环。结合视频发布、投放等宣传和"种草"手段直接完成收藏甚至转化，形成营销闭环。

根据小程序提供的服务内容，抖音将小程序分为七类，包括工具类、商品交易类、内容资讯类、酒店宣传类、服务类、娱乐测试类和汽车垂类。抖音的入口多样，自然流量分发入口包括短视频挂载、抖音号主页挂载等，让小程序能够轻松从抖音海量公域流量池中获客。其中，短视频挂载入口具有较大的流量来源，该入口作为视频的延展，能够精准触达用户需求。此外，抖音留存入口的方式包括添加到桌面、收藏、我的侧栏入口、搜索等。留存入口能够帮助小程序进行沉淀和激活，提高用户黏性。

3）支付宝小程序

根据支付宝官方开发平台的介绍，支付宝是以每个人为中心，以实名和信任为基础的生活平台。随着场景拓展和产品创新，支付宝已发展成为融合支付、生活服务、政务服务、社交、理财、保险、公益等全方位场景与行业的开放性平台。支付宝小程序技术平台是蚂蚁集团旗下杭州吱声信息技术有限公司推出的技术服务平台，可以帮助酒店在支付宝客户端内搭建和实现特定服务功能。

支付宝是移动互联网的超级 App 之一，支付宝百万级的小程序中有 70% 集中于线下的商业生活服务领域。支付宝小程序这种轻量化的解决方案，可以让酒店通过支付宝来服务更多客户，满足客户预订客房和购买酒店商品的需求。

三、酒店直销平台的服务端系统

随着社交媒体的应用和普及，酒店的在线直销不仅仅是基于传统互联网，更要与社交媒体融合开展社会化营销。在线直销和社会化营销（Direct Online Sales and Social Marketing，简称 DOSSM）成为酒店营销的主要内容，并需要相应的技术来支撑在线直销和社会化营销业务的开展，这些技术可以统称为销售技术（Sales Technology，简称 SalesTech）。本书将酒店直销和社会化营销中应用的销售技术统称为 DOSSM SalesTech。

DOSSM SalesTech 是酒店在移动互联网和社交媒体时代向客户进行产品销售和会员服务的后台管理系统，是酒店直销平台的服务端，通常由预订引擎、会员管理系统、商城管理系统、内容管理系统和网络支付接口组成，支持酒店通过官方网站、微信服务号、小程序、企业微信、App 等客户端工具进行内容发布、产品销售、电子优惠券管理和忠诚度奖励计划实施，并且可以直接面向酒店客人开展多种方式的销售活动，包括秒杀、拼团、全员营销、全民营销等。

（一）预订引擎

预订引擎（Booking Engine）是酒店直销平台上各种客户端为不同身份客人提供各种客房房型的房态和房价查询、客人预订信息填写、在线支付和实时确认的管理系统。预订引擎向上可以对接官方网站、App、微信公众平台等客户端，向下可以对接酒店前台管理系统。

预订引擎在应用中需要在收益管理理念的指导下，面向不同细分市场和不同渠道的客户、在不同的日历段、以差异化的动态定价销售合适的产品和服务，其主要功能如下。

(1) 房型管理：酒店客房类产品的设置和定价模式管理。

(2) 价格管理：客房产品的定价设置，并支持多个价格计划和"动态打包"的设置。

(3) 库存管理：在没有对接 PMS 的情况下，各种房型的房态通过在系统中预设配额的方式来确认。

(4) 订单管理：对订单进行确认、取消、夜审的操作管理。

(5) 支付管理：支持银联、支付宝、微信、储值卡等支付模式接入。

(6) 知会管理：对预订和订单处理状态的短信、电子邮件的系统通知进行设置管理。

(7)预订报表管理:统计分析预订报表。

(二)会员管理系统

酒店的会员管理系统的核心是会员忠诚管理。对酒店集团来说,会员管理系统是集团走向数字化转型的核心系统。会员账户管理、积分奖励和使用、储值卡、电子券、会员商城和报表是会员管理系统的基础功能模块。

在 DOSSM 平台中,会员管理系统后台包括会员忠诚管理、生态圈营销、统计报表和门户站点四大部分。其中,会员忠诚管理用于忠诚计划的各项要素的基础设置,包括基础设置、会员管理、协议客户管理、预付及储值卡营销管理、卡券营销管理、社交商城管理、交易流水;生态圈营销是指将员工和会员这两大利益相关者作为个体分销渠道进行管理,包括全员营销和会员裂变营销,员工和会员通过在微信朋友圈成功分享商品信息、成功推荐会员注册均可以获得奖励;统计报表模块包括固定报表和 Excel 自定义报表;门户站点包括会员网站和微信公众平台设置管理。图 6-6 所示为会员管理系统结构。图 6-7 所示为会员管理系统后台。

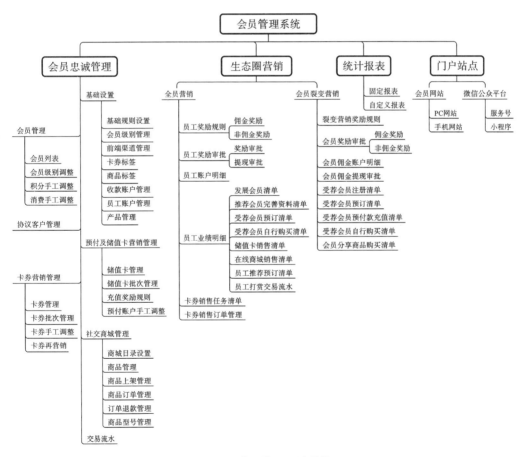

图 6-6　会员管理系统结构

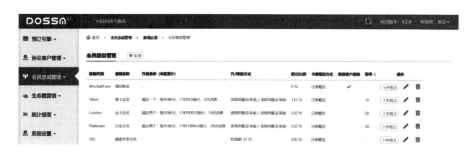

图 6-7　会员管理系统后台

DOSSM 平台会员管理系统的主要功能模块如下。

1. 会员计划基础设置

（1）会员计划标识及基础规则：会员计划名称、会员计划标识、积分价值和有效期设置、预付卡功能开启及卡号规则、会员注册和审核方式设置、微信服务号关联设置、会员卡设计。

（2）会员级别管理：会员级别名称及代码、升级条件和方式、积分比例、会员账户卡券礼包。

（3）LPS 前端（客户端）设置：网站、App、微信服务号、微信小程序、POS 销售终端等。

2. 会员管理

会员管理后台如图 6-8 所示。

（1）会员列表：会员账户概况、会员交易记录、会员成长足迹、会员分组管理。

（2）会员账户调整：会员级别调整、会员积分调整、会员消费记录调整。

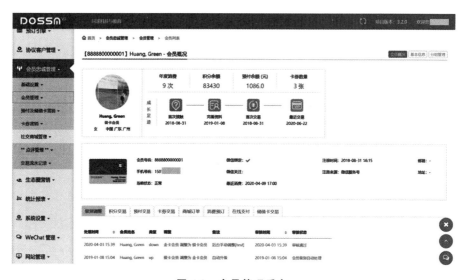

图 6-8　会员管理后台

3. 预付及储值卡营销管理

预付及储值卡营销管理后台如图 6-9 所示。

（1）储值卡批次管理：储值卡批次新增、储值卡名称及代码、适用会员级别、购买升级设置、储值金额设置、销售金额设置、发行数量、储值卡充值方式设置、储值卡图文说明、储值卡批次使用状态、储值卡关联卡券。

（2）储值卡管理：储值卡激活、出售、会员关联、关闭、冻结。

（3）储值账户调整：预付账户手工调整。

（4）充值奖励规则：储值奖励范围、储值赠送礼券设置。

图 6-9　预付及储值卡营销管理后台

4. 卡券营销管理

卡券营销管理后台如图 6-10 所示。

图 6-10　卡券营销管理后台

（1）卡券批次管理：卡券批次新增，卡券名称、类型（如代金券、消费券、折扣券），卡券面额，卡券发行数量，最低适用金额，卡券免费领取限制，卡券核销限制、转赠限制、使用对象限制，卡券有效期，卡券描述说明，卡券批次使用状态，卡券适用产品类型，卡券适用产品，卡券发行渠道，卡券消费渠道，卡券时间限制。

（2）卡券管理：卡券查询、卡券核销管理。

（3）卡券再营销：根据卡券使用日期范围、最近使用卡券、卡券核销次数、卡券核销类型、卡券核销产品范围、卡券分享次数等行为对会员进行卡券的精准推送管理。

（4）卡券手工调整：对个体会员、分组会员、分级会员进行卡券发放、确认和拒绝设置。

会员管理系统将员工、会员作为一个分销渠道进行管理。员工和会员只需要在微信中向朋友(圈)分享酒店的商品小程序或者 H5 页面并成功产生了交易,或者推荐朋友注册成为会员,都可以根据预设的规则获得现金、积分、电子卡券、储值金额的奖励。在会员管理系统中,这种营销模式被称为"生态圈营销",即酒店、员工、客户共同形成一个基于销售业绩和会员发展效果的利益共享网络,形成一个在线信息传播、客户发展和产品销售的生态系统。这种模式丰富了忠诚计划的内涵,虽然在本质上是属于微信分销返利模式,但在会员管理系统中,无论是员工还是会员,每个人在分销层级中都是平级关系,每个人所获得的奖励只能来自下方一级和二级的销售,而非金字塔式的多级分销或传销关系。

5. 全员营销

全员营销功能如下。

(1)佣金奖励规则:奖励规则类型(对象)、奖励金额、审批方式(自动审核、人工审核)。

(2)非佣金奖励规则:奖励规则类型(对象)、奖励类型(积分、卡券、预付款)、奖励数量、审批方式(自动审核、人工审核)。

(3)奖励管理:奖励明细、审批、提现。

(4)业绩明细:发展会员清单、打赏(小费)交易流水、推荐会员完善资料清单、受荐会员预订清单、受荐会员自行购买清单、储值卡销售清单、在线商城销售清单、推荐(客房)预订清单。

(5)卡券销售任务及订单管理:任务名称、礼券批次、销售金额、折扣比例、开始及结束日期、任务说明、订单管理。

(6)营销信息发布:发布标题、发布内容、发布时间、发布状态管理。

6. 会员裂变营销

会员裂变营销功能如下。

(1)奖励规则:奖励规则类型(对象)、适用会员范围、奖励类型(现金、积分、卡券、预付款)、奖励数量、审批方式(自动审核、人工审核)。

(2)奖励管理:奖励明细、审批、提现。

(3)业绩明细:受荐会员注册清单、受荐会员(客房)预订清单、受荐会员预付款充值清单、受荐会员自行购买清单、会员分享商品购买清单。

(三)商城管理系统

商城管理系统最初是用于会员奖励计划中的积分兑换商品的管理,以便酒店会员可以在网站会员商城中用积分兑换商城中的商品。如今,在线商城已经不仅仅是面向参与奖励计划的会员,普通客人也可以通过商城购买酒店提供的各种商品。商城中的商品包括酒店自产的商品和第三方渠道提供的商品,以满足客人多样化的需求。

在购买方式上,在线商城的运营从最初的仅仅作为会员积分兑换礼品的方式,演变到接受多样化支付方式的商城运营模式。商品可以用积分兑换,可以在线付款,甚至可以用"部分积分+部分在线付款"的方式,而在线付款的商品又可以产生积分,用于下一次的购物。会员积分商城不仅是会员奖励计划的一种工具,还是能够帮助酒店产生更多收入的销售平台。

很多酒店会将会员积分商城和微信服务号、小程序结合起来使用,使得商城成为面向酒店线上会员、店内客人、社交媒体粉丝等群体的服务工具。借助于微信公众平台的社交功能,微信商城成为酒店开展"社交电商"的重要平台。消费者除了自己可以在商城中购买产品,还可以参与分销奖励计划,在自己朋友圈中分享产品,并在推荐成功后获得商家的佣金奖励。可以说,微信商城让粉丝价值转化为真实的传播价值和商业价值。

在酒店在线商城中,除商品管理外,另一个非常重要的模块是电子卡券管理。卡券类型包括折扣券、代金券和消费券等,酒店可以将卡券作为营销活动的载体和旅游产品以及服务购买的凭证,借助商城的各种促销活动,提升客户的购买意愿,最终实现销售转化的目的。

(四)内容管理系统

酒店会根据市场定位和客户需求在直销平台上展示各种信息。在酒店官方网站上,通常图文内容包括以下四方面。

(1)酒店基本信息,如酒店概况、酒店文化、旗下品牌、酒店大事、管理人员、地理位置等信息的介绍,有的还包括酒店社会责任等信息。

(2)产品和服务信息,如酒店设施、客房、餐饮、康体娱乐、商务会议等以实景图片、文字的形式展示,供客户查询。

(3)相关旅游信息,如交通指南、天气情况、当地旅游、周边环境、购物指南等,供客户查询、使用。

(4)促销信息,如针对客户感兴趣的活动提供相应优惠政策,或通过特别推荐、会员计划、积分奖励、限时特价等方式进行促销。

上述内容的上传、发布、修改和更换需要一个专门面向网站内容编辑与发布的系统工具的支持,以及内容管理系统(Content Management System,简称CMS)的支持。根据不同的内容管理需求,市场上有不同的CMS解决方案。对大多数酒店来说,CMS多用于网站的管理,因此,基础功能主要包括内容管理和搜索引擎优化。

内容管理的基础功能包括以下五方面。

(1)对网站进行图文内容的新增、删除、修改管理。

(2)支持网站多语言内容的维护,至少包括中文和英文。

(3)支持PC端和移动端的一站式管理。

(4)对发布内容的预先审批功能,审批后再发布。

(5)管理员能够分权限进行内容的管理。

搜索引擎优化的基础功能包括以下四方面。

(1)搜索引擎优化对网站来说至关重要,因此,CMS需要具备对网页进行搜索引擎的TDK标签(标题、网页描述、关键词)基础设置的功能。

(2)能够将发布的内容即时转换成为静态网页发布,以增加对搜索引擎的友好性。

(3)对新闻、促销等动态网页的发布,能够修改URL地址,以增加对搜索引擎的友好性。

(4)对于上传的图片,能够添加ALT描述代码,帮助搜索引擎识别图片。

(五)网络支付接口

中国人民银行将网络支付定义为,依托公共网络或专用网络在收付款人之间转移货币资金的行为,包括货币汇兑、互联网支付、移动电话支付、固定电话支付、数字电视支付等。

网络支付是酒店开展数字营销的必备工具。特别是移动互联网的普及,移动支付受益于智能手机的便捷、好携带的特点,几乎广泛覆盖消费者的日常生活。网络支付已经成为酒店的一种标准化服务。在数字营销实践中,酒店可以选择的网络支付合作渠道有以下几种。

1. 网银支付

网银支付就是酒店直接和银行合作,通过银行提供的接口来实现网络支付功能。当消费者在线支付时,系统会直接跳转到银行安全支付页面,消费者使用开通了网上银行支付的银行卡完成支付。

2. 第三方支付

第三方支付是由非银行金融机构提供的网络支付业务。这类机构需要获得中国人民银行发放的支付业务许可证,并接入经中国人民银行批准成立的非银行支付机构网络支付清算平台的运营机构——网联清算有限公司的平台,然后与各家银行对接。消费者通过第三方支付机构进行网络支付时,第三方支付机构系统需要通过网联再向对应银行发送支付请求。银行收款后再通过网联将成功扣款状态传递给第三方支付机构。消费者常用的第三方支付包括支付宝、微信支付、Apple Pay等。

3. 聚合支付

聚合支付是指融合了多种支付通道的支付工具,通常是由第四方公司将银行、第三方支付机构的支付服务整合到一个系统中,从而减少了商户接入、维护多个支付渠道的成本,提高商户支付清算的运行效率。

4. 海外客人网络支付

网银支付、第三方支付和聚合支付主要是针对中国境内的客人在中国市场使用。但是酒店在开展海外市场营销的时候,需要能够接受境外客人的银行卡在线支付。在海外客人网络支付方面,酒店可以使用具有国际知名度的第三方支付服务商,比如Paypal。

随着网络支付场景越来越丰富,网络支付的形式也更加多样化,并随着技术的发展不断推陈出新。在网络支付形式方面,发展很成熟的是网上支付和二维码支付。随着物联网、生物识别技术的发展,近场支付(NFC)、刷脸支付、声波支付等新型支付形式也不断被开发出来,大大提高了不同场景下的支付便捷性。

酒店在使用网络支付的时候,往往需要根据订单金额向提供商支付少量的手续费,这是酒店在从事数字营销的时候需要考虑的成本。

任务四　酒店用户深度运营的技术应用

任务描述

本任务旨在使学生掌握酒店用户深度运营的技术应用。

一、用户深度运营的背景分析

在线旅行社(OTA)是酒店市场营销上的重要合作伙伴和渠道，但大多数酒店在与OTA的合作关系上的心态是"既爱又恨"。一方面，OTA给酒店送来源源不断的客源，但另一方面，酒店需要向OTA支付不菲的佣金。为此，酒店日益重视在线直销，希望通过在线直销掌握市场主动权。目前，酒店直销主要采取两种模式：一种是打造自己的官方网站，通过搜索引擎营销和优化、客户忠诚计划开展直销；另一种是借助微信等社交媒体连接用户，然后通过活动不断"激活"粉丝，从而产生转化。为了使得直销平台能够产生更多的订单，酒店有效的在线直销方法总结如下：

(1) 利用全员营销的奖励策略将员工接触的客人进行转化；

(2) 建立活动社群(以微信群为主)，酒店有活动就发布信息；

(3) 打造节日大促活动，如店庆、会员日等；

(4) 策划秒杀、拼团等活动，利用爆款产品产生裂变传播效应获客；

(5) 向微信、抖音、小红书等平台的KOL及渠道"大V"付费以合作获客。

酒店能够这样做，主要原因在于OTA虽然掌握了客人的来源渠道，但客人还是要到酒店的"地盘"上体验和消费，这就让酒店有机会去对客人进行粉丝和会员转化，然后再通过性价比更高的产品和服务引导客人下一次通过酒店直销工具(如官方网站、公众号、小程序)预订。然而无论酒店如何努力，在"获客"和"转化"两个方面都远远不及OTA做得成功。关键原因在于，酒店上述两种直销方法与OTA娴熟的基于数据驱动的用户深度运营能力之间还存在很大差距。

随着大数据和人工智能技术迅速发展，"获客"和"转化"越来越依赖数据。用户数据在整个消费者旅程中(消费前、消费中和消费后)无处不在，OTA的用户运营是建立在对用户数据的采集、处理、分析、利用的基础上。例如，OTA的技术能支持多维度采集和分析用户数据，不断完善用户的画像，从而能够投其所好地为用户自动推荐合适的产品和服务，与用户进行你来我往的深度沟通。那么，酒店是否可以学习OTA的数据化营销和运营之道呢？答案是肯定的。因为能够支持用户深度运营的技术在不断发展，比如用户数据平台(Customer Data Platform，简称CDP)和营销自动化(Marketing Automation，简称MA)技术。从2021年开始，越来越多的酒店集团已经开始意识到用户数据平台和营销自动化的重要性,利用 CDP 将分散在不同系统中但属于同一个用户的数据打通,然后利用营销自动化技术与用户建立一对一(One on One)的沟通机制。

新冠肺炎疫情对酒店业的影响无疑是前所未有的,这也使得酒店业在长途旅行、商务旅行、会展旅行严重萎缩的情况下,更加重视用户深度运营,也就是私域流量的运营。用户深度运营的主要特征就是和用户进行线上和线下全触点的接触和较高频次的线上和线下互动。

二、用户深度运营的系统介绍

(一)用户数据平台

用户数据平台是一个数据系统,用于获取在整个消费者旅程中直接产生的与个人相关的第一方数据,并对这些数据进行分析和利用。以问途 MarTech 用户数据平台为例,如图 6-11 所示,用数据平台将用户在不同系统中的数据和各个接触点产生的互动数据进行采集、通过 ID 识别和匹配打通并合并个体用户的数据,然后打上标签以便形成用户画像。具体功能实现方式如下。

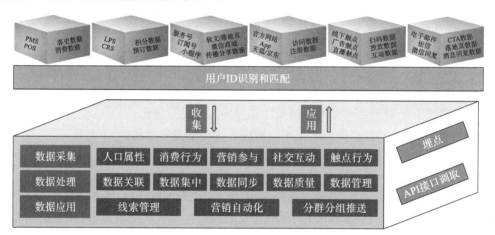

图 6-11 通过问途 MarTech 用户数据平台进行多触点数据获取和打通

1. 多触点数据获取和打通

用户数据平台的首要功能是在不同的触点上获取用户的相关数据。线上的触点主要是官方网站、H5 网页、电子邮件、短信、App、微信公众号、小程序等,这些工具可能由不同的服务商提供,CDP 需要通过嵌入监测代码和埋点实现这些用户数据的收集。

2. 打标签和构建用户画像

用户数据平台进行多触点数据获取和打通后,就处理成标签,以便形成尽可能详细地描述个体用户的特征,构建用户画像(见图 6-12)。

从技术层面,构成用户画像的标签有事实标签、模型标签等。事实标签是基于单一事实或属性数据,或者基于公认的规则,从事实数据中提取而得到的标签;模型标签是指在事实数据的基础上,按照一定的组合和逻辑判断模型或数据挖掘分析模型,经过推导得到的标签。

图 6-12　问途 MarTech 用户数据平台的用户画像标签功能

(二)营销自动化

营销自动化是使用软件系统来管理、执行重复的营销任务的过程,是一种能够一体化完成计划、执行、评估营销任务和流程的软件工具(见图 6-13)。营销自动化应用在用户的不同消费路径、消费阶段和关键接触点,并根据用户所做的动作进行相应营销内容的自动触发和动态响应,以满足用户的当下需求和产生销售机会。因此,用户数据平台和营销自动化是一对天然的"拍档",两者结合在一起就可以实现用户数据整合、用户画像管理、用户及评价体系管理、营销自动化、精准主动营销、内容互动和营销数据洞察一整套数据化营销和运营体系。

图 6-13　DOSSM-MarTech 营销自动化流程

以 DOSSM-MarTech 用户数据平台和营销自动化系统为例,酒店业的营销自动化技术应用场景如图 6-14 所示。

1. 增强细分市场用户的个性化体验

DOSSM-MarTech 能够根据标签分组实现内容的个性化传递。这个传递主要借助于营销自动化技术实现。根据标签将用户分组,然后由营销自动化工具向不同分组的用户群体提供不同的营销体验和个性化内容。

2. 促进全接触点营销获客

DOSSM-MarTech 可用于采集用户在不同接触点的数据。酒店只需要根据接触点

图 6-14 DOSSM-MarTech 营销自动化设置

客户的需求策划好相应的"诱饵",引导在触点上的用户点击、关注或注册,然后由问途 MarTech 用户数据平台去采集正在互动中的用户的信息,并通过营销自动化技术及时响应用户的需求,实现接触点上的营销获客。

3. 提升线上销售转化率

在酒店的线上界面,不同的访问者对产品的需求是不同的。DOSSM-MarTech 可以在线上销售界面将分析到的访问者标签传递给营销自动化工具,从而在页面上实现将合适的产品推荐给合适的人,实现销售转化率的提升。

4. 实现智能化服务营销

借助于 DOSSM-MarTech,服务营销可以实现智能化的服务营销,即根据用户的触点,判断用户所处的场景和需求,然后借助营销自动化工具向用户传递个性化的服务信息。

5. 开展交叉或升档销售

和智能化服务营销类似,当 DOSSM-MarTech 将触达的客人标签输出给营销自动化工具后根据规则触发销售推荐,向对的客人在对的时间自动化推送对的产品或服务,从而实现交叉或升档销售的目的。

三、用户深度运营的流程方案

面对当下如此多变的技术和市场环境,酒店变得越来越无法适应。在现有经济环境下,酒店营销目标强调立竿见影,但消费者却越来越理性,导致获客和转化难度加大。酒店营销方面有以下特点:

(1)细分市场众多,必须基于细分市场提供不同的解决方案;

(2)合作渠道多,拥有规模性的线下用户群体,而且容易获得用户数据;

(3)非常重视对客的服务营销和运营,追求客人的回头率;

(4)数字营销工具较多,如官网、小程序、公众号、短信、电子邮件,线上接触点比较多;

(5)线下服务触点很多,与客人深度互动。

这些特点使得酒店业非常适合开展用户深度运营,这也是大数据、人工智能和云计算时代的营销必然趋势。在流程上,用户深度运营就是在每一个用户接触点精心设置好"诱饵",并利用营销自动化设置好"捕鱼装置并识别品种",然后按照"分群育鱼"的规则开展运营(见图6-15)。整个过程都是自动化的,这种方法和酒店传统"人对人"营销手段不同。这是营销方法的演进,从"人对人"向"计算机对人"转变。已经有一些酒店开始使用这种方法,并将"用户数据"运营融合到酒店的每一个工作流程中,将"数据"变成重要的营销工具,取得了意想不到的营销效果。

图6-15 用户深度运营

具体来说,用户深度运营的三个步骤(多渠道捕获"小鱼"、细分"鱼群"自动化"饲养"、个性化培养高价值的"大鱼")就是数据采集技术和流程、数据分析技术和流程、数据利用技术和流程。这不仅仅是技术工具的变革,更为重要的是,酒店要建立整个流程和标准(见图6-16)。

在酒店中,数据采集的方法和场景很多,比如充分利用带参数的二维码实现"一物一码、一码多变",采集动态的触点数据;酒店每个用户触点设置好"诱饵"和规则;线下的活动设置好每个环节的互动规则。当采集到用户数据后,马上对用户数据进行分析,并动态跟进用户在每一次服务和营销接触的数据,使得用户的画像越来越清晰。这个步骤就是将原来我们需要人工去了解客人喜好和需求的工作变成通过大数据分析去了解客人的喜好和需求,并能够将相同喜好和需求的客人划分为同一细分市场(群组)。在每一个细分市场中,利用人工智能技术去判断和动态调整客人的价值评分,找出具有成长性和不断成熟的客群。数据利用技术就是设置好营销自动化的规则,面向不同细

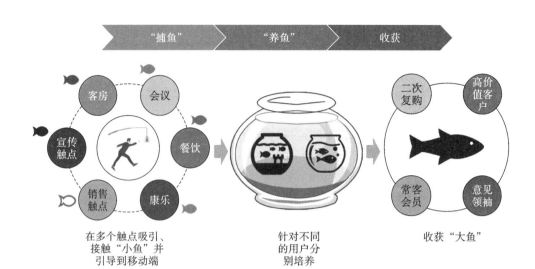

图 6-16　酒店的用户深度运营

分市场和不同价值的用户提供不同的营销和服务解决方案。

因此,用户深度运营不仅仅是新技术的应用,更为重要的是市场营销流程和标准的重构。包括细分市场的标准、数据采集的流程和标准、营销自动化的应用场景和行动方案、精准主动营销的应用场景和行动方案、对客信息传递的流程、内容营销的标准和流程等。

总而言之,用户深度运营之道即在消费者的整个消费旅程中,在每一个接触点,都去进行用户连接的策划,然后采集和分析用户的数据,基于用户数据,自动触发合适的产品和服务的解决方案。

任务五　酒店数字营销效果分析的技术应用

任务描述

本任务旨在使学生掌握酒店数字营销效果分析的技术应用。

一、流量分析系统

流量分析系统主要用于酒店门户网站的流量分析,以判断酒店门户网站的推广效果。我国常用的网站流量分析系统主要是百度统计。根据百度统计官方网站描述,百度统计是百度推出的一款稳定、专业、安全的统计分析工具,能够提供权威、准确、实时的流量质量和访客行为分析,助力日常监控,为系统优化、提升投资回报率等目标提供指导。同时,百度统计特别推出了高级分析平台,可实时多维分析、人群细分、行为洞察,实现数据驱动业务的增长。

在官方网站上将百度统计的代码在每个网页正确添加后,进入百度统计,分析人员即可看到统计数据,并从中发现访客访问网站的规律和特点,并将这些规律与数字营销策略等相结合,从而发现当前数字营销活动和运营中可能存在的问题和机遇,并为进一步调整和优化数字营销策略提供依据。

根据百度统计的官方资料,百度统计可以支持以下几方面的分析。

(1)流量分析:多少人来过网站?

流量分析模块包含流量趋势分析、实时访客、跨屏分析等报告,能告诉统计者谁来过酒店的网站,他们分别来自什么地域,以及这些访客是否足够关注酒店的网站等。流量来源模块包含全部来源、搜索引擎、搜索词等报告,能分析投放哪些关键词可以让更多的潜在客户找到目标网站,哪些关键词还需要进一步优化,哪种媒介推广方式更有效果,哪种推广方式需要改善等。

(2)推广效果:推广效果如何?

推广效果模块包含百度推广报告,如搜索推广、网盟推广等,能分析投放的关键词中哪些访问及转化效果更好,哪些需要进一步优化等。

(3)网站访问:网站够好吗?

此模块包含受访页面、入口页面、页面热力图、页面上下游等报告,能分析网站上哪些页面受网民欢迎,页面的热点区域,访客习惯的访问轨迹等。

(4)访客特征:来访的访客什么样?

访客特征模块包含地域分布、访客属性和系统环境等报告,能告诉统计者访客从什么地区来,使用何种系统环境,男女年龄比例等信息。

(5)转化情况:转化效果怎么样?

此模块包括转化概况、转化路径、订单分析等报告,监控转化效果,有针对性地发现问题,提升转化。

(6)网站诊断:网站流畅吗?

此模块包括 SEO 分析、搜索词排名、升降榜等报告,能够帮助检查网站对百度搜索引擎的友好程度,并提出优化的官方建议,评估网站推广效果或查找变化原因。

百度网站分析指标主要是流量数量指标、流量质量指标和流量转化指标。流量数量指标包括浏览量、访客数、新访客数、新访客比率等;流量质量指标包括跳出率、平均访问时长、平均访问页数等;流量转化指标包括转化次数、转化率。其中关键指标如下。

(1)浏览量(PV)/访问量:统计周期内网站被访客浏览的次数,同一个页面被同一个访客浏览多次,数据也会统计在内。

(2)独立访客量(UV):统计周期内浏览网站的总人数,同一个人多次访问不进行累计。

(3)跳出率:访客只看了一个页面就离开网站的访问次数占总访问次数的百分比。跳出率能够说明网站页面内容的质量问题。

(4)平均访问时长:访客平均每次访问在网站上的停留时长。

(5)转化次数和转化率:转化次数指统计周期内,访客到达转化目标页面的次数。转化率指在一个统计周期内,完成转化行为的次数占总点击次数的比率。

订单数量和订单销售是酒店开展数字营销的根本目的。酒店通过百度统计工具可以直观地了解到营销过程中存在的问题。订单数量若不理想，酒店则需要具体分析是流量还是转化率出现问题。若流量很高，则可能是转化率有问题，酒店要具体分析是否是跳出率、平均访问时长或平均访问页数出现问题；若转化率较高，但订单数量不理想，则可能是流量出现问题，酒店则需具体分析浏览量、访客数等数据是否出现问题。

二、微信公众号数据分析系统

在微信公众号的官方管理后台有强大的数据统计和分析功能，包括用户分析、图文分析、菜单分析、消息分析、接口分析和网页分析这六个模块，常用的分析主要是前面四个模块，后面两个模块是针对公众号二次开发后的数据分析。

（一）用户分析

用户分析数据包含用户增长和用户属性两大方面的数据分析，帮助微信公众号运营者了解粉丝数量的变化以及画像特征。

在用户增长分析中，需要分析的数据如下。

(1)新增人数：新关注的粉丝数（不包括当天重复关注的粉丝）。

(2)取消关注人数：取消关注的粉丝数（不包括当天重复取消关注的粉丝）。

(3)净增人数：新关注与取消关注的粉丝数之差。

(4)累积人数：当前关注的粉丝总数。

通过对新增人数和取消关注人数的分析，可以了解公众号内容的吸引力和质量。如果新增人数有上升，说明近期的推文质量比较高，能够有效吸引更多人关注公众号；对于新增人数的分析，除了关心数量，还需要分析关注来源。粉丝关注公众号的方式有公众号搜索关注、扫描二维码关注、图文页右上角菜单关注、图文页内名称点击关注、名片分享关注、支付后关注等方式。粉丝关注公众号的方式能够说明公众号推广的力度、获客渠道的质量、内容传播的效果以及获客方法的有效性。

在用户属性分析中，主要分析用户的性别、语言、省份、使用终端设备分布等数据。这些数据能够初步反映公众号的用户画像。运营者可以根据用户画像调整公众号的内容运营策略。

（二）图文分析

图文分析中的核心数据指标如下。

(1)送达人数：图文消息群发时，送达的人数。

(2)图文页阅读人数：点击图文页的去重人数，包括非粉丝；阅读来源包括公众号会话、朋友圈、好友转发、历史消息等。

(3)图文页阅读次数：点击图文页的次数，包括非粉丝的点击；阅读来源包括公众号会话、朋友圈、好友转发、历史消息等。

(4)分享转发人数：转发给朋友或分享到朋友圈、微博的去重用户数，包括非粉丝。

(5)分享转发次数：转发给朋友或分享到朋友圈、微博的次数，包括非粉丝点击。

(6)收藏人数：收藏到微信的去重用户数，包括非粉丝收藏。

(7)原文页阅读人数:点击原文页的去重人数,包括非粉丝阅读。

(8)原文页阅读次数:点击原文页的次数,包括非粉丝点击。

对于单篇图文的分析指标有公众号打开率、一次和二次传播率、阅读来源以及阅读趋势。一次传播数据是指已经关注公众号的用户阅读文章和分享文章的行为数据,包括阅读率和分享率。二次传播是指未关注公众号的用户在朋友圈点击阅读或者在朋友圈再次分享传播的行为。二次传播数据更能够说明文章的质量和吸引力。

公众号的阅读来源包括如下渠道。

(1)公众号会话:文章在选定的时间内通过公众号推送、预览、手动回复获得的阅读量统计。

(2)好友转发:将文章转发给好友或者推送到微信群的阅读量统计。

(3)朋友圈:将文章转发至朋友圈后文章的阅读量统计。

(4)历史消息:分析通过公众号历史消息点击文章的阅读量统计。

(5)其他:包括微信自定义菜单、微信搜索、朋友圈热文、关键词回复、文章内部链接、微信收藏等来源。

单篇图文是对单次推送的图文数据分析,全部图文是对公众号整体内容质量的数据分析,对公众号发出去的所有图文在统计周期内进行数据分析。主要分析的数据包括图文页阅读次数、原文阅读次数、分享转发次数、微信收藏人数。

(1)图文页阅读次数:所有图文在统计周期内的阅读次数(去重且包括非粉丝)。

(2)原文阅读次数:点击文章左下角的阅读原文的次数。

(3)分享转发次数:文章被用户转发给他人或分享至朋友圈的次数。

(4)微信收藏人数:文章被用户收藏的人数。

对于文章的数据分析,更为重要的是看小时报数据,它用于分析文章在一天内不同的时段被用户阅读的情况,能够分析出用户的活跃时间段。

(三)菜单分析

菜单分析即微信公众号一级菜单以及子菜单的点击情况。主要分析的数据有:

(1)菜单点击数:菜单被用户点击的次数。

(2)菜单点击人数:点击菜单的去重用户数。

(3)人均点击次数:菜单点击次数除以菜单点击的去重用户数。

(四)消息分析

消息分析即查看粉丝在公众号回复消息的情况。根据"小时报/日报/周报/月报"查看相应时间内的消息发送人数、次数以及人均发送次数。主要的分析数据如下。

(1)消息发送人数:关注者主动发送消息的人数(不包括当天重复关注用户)。

(2)消息发送次数:关注者主动发消息的次数。

(3)人均发送次数:消息发送总次数除以消息发送的去重用户数。

(4)消息关键词的分析:查询 7 天、14 天、30 天里,前 200 名的消息关键词是什么。此数据有助于了解粉丝与公众号之间互动的频率和情况。

实训任务一　酒店客人消费者旅程的关键接触点互动——预订阶段

一、任务目的

本任务要求基于消费者旅程地图、接触点和营销自动化的理论,判断酒店客人消费者旅程的相关内容,并在关键接触点与客人进行个性化互动。通过本任务的实训,让学生能够:

(1)了解消费者旅程地图和接触点的概念以及意义。

(2)理解消费者旅程地图的绘制内容。

(3)掌握通过用户数据平台和营销自动化系统在预订阶段为酒店客人提供个性化数字体验的设置方法。

二、任务描述

(一)任务背景

有"现代营销学之父"之称的菲利普·科特勒认为,酒店需要在消费者旅程中找到接触点,并进行有效的市场营销工作。如果酒店在某个接触点接触到消费者了,但是由于销售人员培训得不够,他们跟消费者一接触时消费者就流失了,这个市场营销工作就不够有效。在消费者购买的过程当中,酒店必须保证与消费者有接触点,同时还要保证在每个接触点上的市场营销工作有效,才能让消费者购买你的产品。

在消费者旅程的不同阶段,营销自动化可以起到向消费者提供精准信息和服务触达的作用。基于数据技术,酒店可以合规地采集消费者旅程中的相关数据,对用户在旅程不同阶段的需求进行分析判断,然后制定自动化执行的规则,基于用户画像,自动匹配多场景的内容,在合适的触点向合适的用户自动触发合适的内容。

酒店可以针对客人在预订、入住、住店体验、离店等整个消费阶段基于营销自动化技术向其提供个性化服务,不仅能够提升客人数字化体验,还能够带来二次销售机会。

(二)学习重点

1.消费者旅程地图

科特勒认为,最为优秀的总经理是将市场营销理解为无所不在,他们知道酒店的工作就是给客人创造价值,营销是一切工作的开始。也就是说,营销和运营必须打通,每一个用户接触点和关键时刻都是营销工作的开始。科特勒提出酒店应该重视绘制消费者旅程地图,将市场营销战略融入酒店的每一个部门,并通过产品和客人进行价值提升。只有这样,酒店才能进入科特勒所说的"营销革命4.0"的阶段。

在酒店业,酒店和用户之间有一个较长的用户旅程,品牌信息、促销信息、产品和服务、宣传资料、酒店员工都和用户有很多接触点,其中包括被信息刺激、查询和比较、预订、体验、分享这五个关键时刻。每一个接触点和关键时刻对用户决策都至关重要,但是极少数的酒店总经理和市场营销负责人会考虑如何将营销融入每一个消费者旅程,并制定出相应的营销对策。

酒店一旦绘制出来消费者旅程地图,继续用传统的人工方式管理效率太低,最佳的方式就是数字化,核心是营销自动化,即在合适的时间,向合适的用户,以合适的沟通工具,自动化传递合适的内容。

2. 接触点

在消费者旅程的每一个阶段,酒店品牌、产品和服务和消费者之间会产生很多接触,这些接触不仅会通过面对面的服务,还会通过社交媒体、网站等数字工具产生。这些接触就是酒店和消费者关系之间的连接触点,就是消费者体验之地。总而言之,酒店的品牌信息、营销内容、员工、产品和服务与(潜在)消费者的交集点被称为"接触点"。这些接触点的体验设计对消费者的印象至关重要。对酒店而言,接触点既是提升客人满意度的时机,也是产生下一次购买行为的机会。酒店对这些接触点的服务体验和流程进行精心设计和持续改进,以建立最为合适的全接触点营销策略。

3. 用户行为标签

营销自动化是酒店和用户在接触点上进行互动的数字化工具。在接触点上,营销自动化是将接触点标签作为"触发器",当有用户行为被贴上指定的触点标签,就会根据规则自动触发内容。而精准主动营销是将标签作为"筛选器",根据自动化规则向贴有该标签的用户群体主动推送内容。

4. 客人在预订阶段的触点和营销自动化

在预订阶段,客人可能因为种种原因突然终止预订行为。通过对客人在线浏览行为的采集和分析,利用营销自动化对犹豫不决甚至放弃预订的客人进行再次营销,有助于提升用户的转化率。

三、任务书

为了进一步营造良好的住客体验,某海边度假酒店在客人预订、抵店、住店及离店阶段通过营销自动化分别设计了贴心服务。

在预订阶段,该度假酒店针对近期在酒店微商城浏览"秋日看海为您而来"特惠套票打包产品但没下单的客人,发送限时优惠券,让客人特价体验酒店的特色产品(见表6-5):

价值899元的"秋日看海为您而来"特惠套票,包含180°超大阳台海景房一晚+双人自助早餐+双人自助晚餐+双人悬崖泳池畅游门票+大堂吧欢迎饮品+价值299元的旅拍赠券。

表6-5 用户数据跟踪

用户浏览产品页数据跟踪			
关键时刻	客人浏览页面	标记客人浏览产品	满足客人浏览但未预订产品
触发时间	立刻	10分钟后	立刻

续表

用户浏览产品页数据跟踪			
触发动作	标记客人浏览了相关产品页	若客人未下单,标记客人浏览但未预订	推送当前浏览产品限时优惠券
设置要点	设置浏览标签	设置行为触发规则	设置营销自动化

四、任务工具

本任务所用的技术工具如下。
(1)用户画像管理系统:用于标签、行为触发规则的设置。
(2)营销自动化系统:用于消费者旅程中各阶段的自动化规则的设置。

五、任务实施步骤

(一)流程图

任务实施流程如图 6-17 所示。

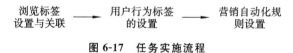

图 6-17 任务实施流程

(二)关键步骤

1. 浏览标签设置

设置浏览标签,并将设置好的标签关联至活动产品页面(见图 6-18)。

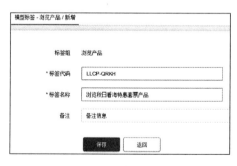

图 6-18 浏览标签设置

2. 用户行为标签设置

在行为触发规则中设置触发营销自动化的用户行为标签(见图 6-19)。

3. 营销自动化规则设置

根据实训要求,依次设置营销自动化规则的基本信息、目标线索、有效时间段、触发机制和动作计划(见图 6-20 和图 6-21)。

该规则针对所有满足触发机制的用户(即所有浏览活动产品页面未预订的用户)自

图 6-19　用户行为标签设置

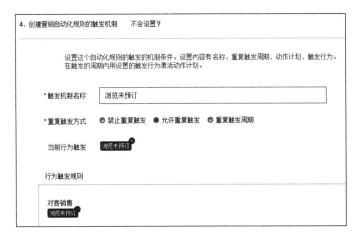

图 6-20　关联触发规则与用户行为标签

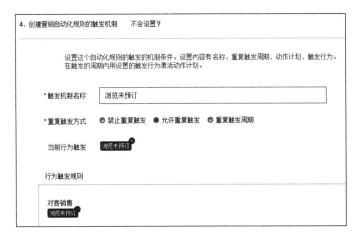

图 6-21　设置动作计划

动执行动作计划(即推送限时优惠券)。

六、任务注意事项

(1)行为触发规则判断条件的设置。
(2)营销自动化过程的设置。

七、任务完成结果与评价

(一)任务完成结果

(1)浏览前端活动产品页面后,能够在系统中查看被打上的相应的浏览标签。
(2)浏览 10 分钟后未预订产品,能够在系统中查看被打上的相应的浏览未预订行为标签。
(3)能够收到自动发送的产品限时优惠券。

(二)任务完成评价

能理解并说明学习重点中的几个概念。

八、任务拓展

了解关键时刻(Moment of Truth,MOT)的理论,以及基于关键时刻的消费者旅程模型。

实训任务二　酒店客人消费者旅程的关键接触点互动——入住阶段

一、任务目的

本任务要求基于消费者旅程地图、接触点和营销自动化的理论,判断酒店客人消费者旅程的相关内容,掌握营销自动化中行为出发规则的判断与设置。通过本任务的实训,让学生能够:
(1)了解消费者旅程地图概念及意义。
(2)了解客人在入住阶段的接触点和用户行为标签。
(3)掌握通过用户数据平台和营销自动化系统在入住阶段为客人提供个性化数字体验的设置方法。

二、任务描述

(一)任务背景

对于品牌而言,在正确的时间用正确的渠道向消费者提供正确的信息是极为重要的,因为消费者会在任何时间通过各种渠道搜索发现品牌,在这个过程中,他们还有可能发现其他竞争品牌,一旦被吸引了注意力,这个消费者就会流失。

(二)学习重点

1.客人在入住阶段的用户行为标签

客人在入住阶段,会有不同的想法和住店目的,营销自动化是企业和用户在接触点上进行互动的数字化工具。在接触点上,要根据客人在入住阶段不同的行为设置不同的标签,为营销自动化精准服务提供依据。

2.客人在入住阶段的接触点和营销自动化

在入住阶段,客人办理完入住手续后,可能会考虑去酒店周边闲逛,或打卡当地知名景点,或品尝当地特色饮食等。酒店可利用营销自动化技术为客人推送周边吃喝玩乐信息或酒店举办的一些特色美食节活动信息,客人在前台或客房扫码即可查看相关信息。这有利于提升客人的服务体验和满意度。

三、任务书

4位自驾的女士吃完午餐后,到店登记入住一间位于景区附近山脚下的精品酒店,她们特意来到这个环境特别好又休闲的精品酒店进行为期两天的闺蜜聚会,主题是休闲、拍照、叙旧和交流带娃心得。这间精品酒店正好刚推出"晒出你的精品照"有奖活动,通过扫描大堂活动海报上的二维码,可获取酒店内及周边打卡点的位置及介绍。同时对已扫码的用户,自动推送店内餐饮优惠券,当客人领取了优惠券,当天15:00手机会自动推送就餐提醒(见图6-22)。

用户扫码		用户浏览	用户领券	
【触发条件】 扫描前台海报二维码		【触发条件】 浏览打卡点介绍页面	【触发条件】 领取优惠券	
【触发时间】 立即	【触发时间】 立即	【触发时间】 立即	【触发时间】 立即	【触发时间】 当天15:00
【打标签】 线下——前台 海报扫码	【发达内容】 打卡点介绍 店内餐饮优惠券	【打标签】 度假客人	【打标签】 ××餐饮优惠券	【发送内容】 就餐提醒

图6-22 触发节点

四、任务工具

本任务所用的技术工具如下。
(1)用户画像管理系统:用于标签、行为触发规则的设置。
(2)营销自动化系统:用于消费者旅程中各阶段的自动化规则的设置。

五、任务实施步骤

(一)流程图

任务实施流程如图6-23所示。

标签与触发规则设置 ⟶ 营销自动化规则设置

图 6-23　任务实施流程

(二)关键步骤

1.标签与触发规则设置

设置实训任务中相关的标签,包括用于关联二维码以识别来源的标签、页面浏览标签、卡券标签,以及通过页面内容识别用户类型的标签,并与相关的二维码、网页及卡券等进行关联。完成标签设置后,将当前标签绑定行为触发规则,为后续营销自动化设置做好基础数据关联(见图 6-24)。

图 6-24　标签设置

2.营销自动化规则设置

根据实训要求,依次设置营销自动化规则的动作计划名称和具体动作计划等(见图 6-25)。

该规则有多个分支,分别按照要求进行设置(见图 6-26)。

图 6-25　设置动作计划

项目六　酒店营销技术工具应用

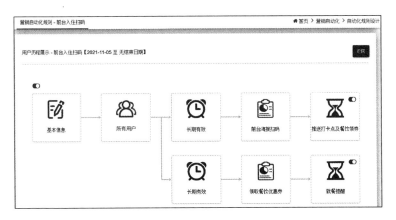

图 6-26　设置营销自动化的多个分支

六、任务注意事项

(1)标签与二维码、活动页面的关联。
(2)营销自动化多分支的设置。

七、任务完成结果与评价

(一)任务完成结果

(1)扫描海报二维码后,可收到打卡点介绍及优惠券领取消息。
(2)浏览页面后,系统中可查看已打上的相应标签。
(3)领取优惠券后,在设定的时间收到就餐提醒,同时系统中可查看已打上的相应标签。

(二)任务完成评价

能理解并说明学习重点中的几个概念。

实训任务三　酒店客人消费者旅程的关键接触点互动——住店阶段

一、任务目的

本任务要求基于消费者旅程地图、接触点和营销自动化的理论,判断酒店客人消费者旅程的相关内容,并在相关接触点与客人进行个性化推送服务。通过本任务的实训,让学生能够:

(1)了解消费者旅程地图概念及意义。
(2)了解酒店客人在住店阶段的接触点和用户行为标签。

(3)掌握通过用户数据平台和营销自动化系统在住店阶段为客人提供个性化数字体验的设置方法。

二、任务描述

(一)任务背景

在客房扫码活动单的作用就是引导用户进入下一个营销环节:落地页→咨询/落地页→下载/落地页→购买等,提高转化率,减少流失率,获取更多订单。

使用落地页去投放广告,能够针对不同的用户群体展现不同的页面,给用户看其最想看的内容,提高用户选择我们的概率;并且能够体现品牌的调性、产品优势,以及跟同行的差异化,在营销转化环节的第一步就打败同行。

(二)学习重点

1. 落地页的概念与作用

兴趣往往直接影响到用户的抉择。这个阶段往往需要"种草",需要针对品牌目标客户的痛点,强调产品特色,突出品牌亮点,进行专属的内容营销和广告投放。比如在贴吧、论坛、知乎、小红书等进行垂直内容的投放,扩大优质和深度内容曝光,提高内容的质量和互动性,促进用户对该品牌的探索动力和深度研究。

落地页也称着陆页,指用户通过点击广告素材、链接等渠道进入的第一个页面。落地页绝大多数都是用于营销或广告活动,在互联网营销中,落地页就是当潜在用户使用搜索引擎、点击广告后显示给潜在用户的页面。一般这个页面会针对性地呈现潜在用户感兴趣的内容。

2. 客人在住店阶段的用户行为标签

在酒店业,酒店和客人之间有一个较长的消费者旅程,品牌信息、促销信息、产品和服务、宣传资料、企业员工都和用户有很多接触点,其中包括被信息刺激、查询和比较、预订、体验、分享这个五个关键时刻。每一个接触点和关键时刻对用户决策都至关重要,酒店需要根据客人住店阶段的用户行为标签制定出相应营销对策。

3. 客人在住店阶段的接触点和营销自动化

在住店阶段,客人除了住宿外还会产生用餐、休闲娱乐等需求。酒店利用营销自动化,向住店客人适时推送餐饮、康乐休闲类产品优惠券或其他正在进行的营销活动信息,开展交叉销售来满足客人多样化的需求,可以促进客人在住店期间的消费,给酒店带来更多的收入。

三、任务书

一对夫妇带着孩子入住于北京的一家酒店,该酒店正在进行一项"打卡健步,走出健康"的活动,鼓励入住客人环保出行酒店附近的公园和古街,客人可以在客房扫描活动单页上的二维码,查看旅行地图及推荐的健步走路线,按路线参观体验老北京的文化生活并完成打卡后将可获得酒店提供的咖啡厅休闲饮品免费券或酒店纪念品(见图6-27)。

项目六　酒店营销技术工具应用

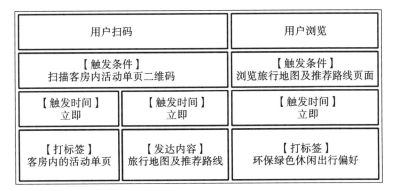

图 6-27　触发节点

四、任务工具

本任务所用的技术工具如下。

(1)用户画像管理系统:用于标签、行为触发规则的设置。

(2)营销自动化系统:用于消费者旅程中各阶段的自动化规则的设置。

五、任务实施步骤

(一)流程图

任务实施流程如图 6-28 所示。

标签与触发规则设置 ⟶ 营销自动化规则设置

图 6-28　任务实施流程

(二)关键步骤

1. 标签与触发规则设置

设置实训任务中相关的标签,包括用于关联二维码以识别来源的标签、记录页面浏览行为的标签,以及通过页面内容识别用户类型的标签,并关联相关页面。完成标签设置后,将当前标签绑定行为触发规则,为后续营销自动化设置做好基础数据关联(见图 6-29)。

2. 营销自动化规则设置

根据实训要求,依次设置营销自动化规则的触发机制名称、重复触发方式和执行动作计划等(见图 6-30 和图 6-31)。

该规则有多个分支,分别按照要求进行设置。

六、任务注意事项

(1)标签与二维码、活动页面的关联。

(2)营销自动化过程的设置。

图 6-29　标签设置

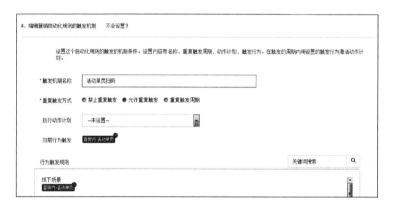

图 6-30　设置触发机制

图 6-31　设置动作计划

七、任务完成结果与评价

(一)任务完成结果

(1)扫描客房内活动单页海报二维码后,可收到旅行地图及推荐线路的页面。
(2)浏览页面后,系统中可查看已打上的相应标签。

(二)任务完成评价

能理解并说明学习重点中的几个概念。

实训任务四 酒店客人消费者旅程的关键接触点互动——离店阶段

一、任务目的

本任务要求基于消费者旅程地图、接触点和营销自动化的理论,判断酒店客人消费者旅程的相关内容,通过营销自动化的设置,在关键接触点与客人进行个性化互动。通过本任务的实训,让学生能够:

(1)了解消费者旅程地图概念及意义。

(2)了解客人在离店阶段的接触点和用户行为标签。

(3)掌握通过用户数据平台和营销自动化系统在离店阶段为客人提供个性化数字体验的设置方法。

(4)了解满意度调查的设置与作用。

二、任务描述

(一)任务背景

在消费者旅程的不同阶段,营销自动化可以起到向用户精准信息和服务触达的作用。基于数据技术,企业可以合规采集消费者旅程中的相关数据,对用户在旅程不同阶段的需求进行分析判断,然后制定自动化执行的规则,基于用户画像,自动匹配多场景的内容,在合适的触点向合适的用户自动触发合适的内容。酒店可以在预订、入住、住店、离店等整个消费阶段,基于营销自动化技术向客人提供个性化服务,不仅仅能够提升用户数字化体验,而且能够带来二次销售机会。

(二)学习重点

1. 满意度调查

满意度调查在当今的社会中是非常常见的,不管是一些大型的企业还是小型的公司都需要通过满意度调查来收集相关的市场信息,就连一些个体研究人员也会通过满意度调查来做相关的学术研究。由此可以看出,满意度调查的作用是非常大的。满意度调查的目的或者说意义本质上都是相同的,就是希望借助满意度调查机制评估满意度状况,找到影响满意度的因素,并采取针对性的改进措施,提升满意度水平。通过营销自动化提供个性化服务,还能够带来二次销售机会。

2. 客人在离店阶段的用户行为标签

客人离店后,酒店可以保存客人的个人资料,建立客人档案,形成用户行为标签,收集并反馈一些意见和建议,以便以后更好地为客人服务。

3.客人在离店阶段的接触点和营销自动化

在离店阶段,客人对酒店产品和服务的满意度直接影响着后续是否还会预订该酒店。利用营销自动化技术不仅可以开展满意度调研,还可以对不同评分结果的客人进行后续的跟进,对于不满意的客人可即时转人工客服跟进,对于满意的客人则可系统自动发送加入酒店会员的邀请。

此外,营销自动化软件还可以帮助酒店更好地掌握用户数据,优化用户档案。基于更翔实的用户数据,酒店可以量身定制每一次互动,在每一个渠道上创建无缝的个性化用户体验。

三、任务书

为获得近期酒店对客服务满意度情况的反馈,A 酒店决定对近期入住酒店的客人做一次满意度调研,因此在办理离店手续的区域摆放了专属"感恩您的帮忙"单页二维码,请客人扫码填写服务调研表,客人完成填写提交后,对于调研结果满意的客人,系统直接自动推送客房升级券,以表示对客人的感谢;对于不满意的客人,系统标记不满意后转人工自动跟进,由销售专员专门跟进(见图6-32)。

用户扫码	用户填写调研表	
【触发条件】 扫描满意度调研二维码	【触发条件】 住客调研——满意	【触发条件】 住客调研——不满意
【触发时间】 立即	【触发时间】 立即	【触发时间】 立即
【发达内容】 满意度调研表	【发达内容】 客房升级券	【发达内容】 通知人工跟进

图 6-32 触发节点

四、任务工具

本任务所用的技术工具如下。

(1)用户画像管理系统:用于标签、行为触发规则的设置。

(2)营销自动化系统:用于消费者旅程中各阶段的自动化规则的设置。

五、任务实施步骤

(一)流程图

任务实施流程如图 6-33 所示。

标签与触发规则设置 ⟶ 营销自动化规则设置

图 6-33 任务实施流程

(二)关键步骤

1. 标签设与触发规则置

设置实训任务中相关的标签,包括用于调研问卷选项关联的标签,并关联相关选项。完成标签设置后,将当前标签绑定行为触发规则,为后续营销自动化设置做好基础数据关联(见图6-34)。

图 6-34　标签设置

2. 营销自动化规则设置

根据实训要求,分两个分支进行营销自动化规则的设置(见图6-35)。

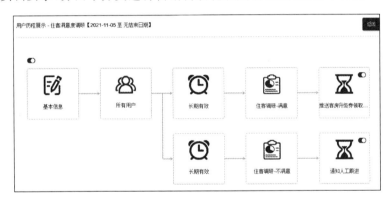

图 6-35　营销自动化设置

六、任务注意事项

(1)标签与调研问卷选项的关联。
(2)营销自动化分支的设置。

七、任务完成结果与评价

(一)任务完成结果

(1)扫描前台调研二维码后,可查看调研问卷并进行填写。
(2)针对调研结果满意的用户,可收到系统自动发放的客房升级券,同时系统中可查看已打上的相应标签。

(3)针对调研结果不满意的用户,酒店员工会收到系统自动发出的跟进提醒,同时系统中可查看已打上的相应标签。

(二)任务完成评价

(1)能理解并说明学习重点中的几个概念。
(2)能结合调研问卷结果进行不同的营销自动化。

> **项目小结**　酒店在数据私域空间通过自己的官方网站、微信公众号、小程序和其他在线工具与数字用户建立直接沟通渠道和客户关系,这是由公域数据向私域数据的转化过程的必然,酒店客人在消费者旅程的关键接触点互动,取决于酒店数字营销的意愿和能力。

项目七
酒店市场推广和销售的方法

项目描述

酒店市场营销的负责人被称为"市场销售总监",英文是 Director of Sales and Marketing,简称 DOSM。DOSM 还管理市场传讯总监和销售总监。市场传讯总监 (Director of Marketing and Communication,简称 Director of MarCom)对酒店的声誉、品牌形象、传播与活动效果等市场指标负责,主要的绩效目标是酒店全年市场推广活动计划的完成率、推广和促销活动的销售业务量、推广和促销活动的媒体曝光率、推广和促销活动的餐饮客数量。销售总监(Director of Sales,简称 DOS)对酒店的客房、会议、餐饮等产品的销售指标负责。为了完成市场指标和销售指标,市场负责人和销售负责人需要采用不同的方法。随着目标客户的沟通和消费行为日益线上化,营销方法也根据场景不同分为线上为主的方法和线下为主的方法。本项目将酒店市场推广和销售方法细分为线上方法和线下方法进行阐述。

项目目标

知识目标
1. 了解酒店在线上、线下使用的市场推广方法。
2. 了解酒店在线下使用的销售方法。
3. 了解酒店在线上使用的销售方法。

能力目标
1. 掌握酒店在 OTA 营销平台获客的方法和技能。
2. 掌握线上线下销售的方法和技能。

素养目标
1. 时刻保持对客户的人文关怀和尊重。
2. 树立正确的价值观。

知识导图

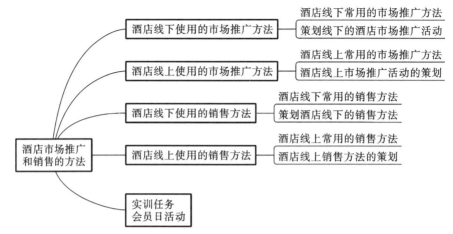

 学习重点

酒店内部广告的投放场地和场景都是以线下为主,但酒店需要通过线下的广告将线下的客人引导到线上,所以需要在线下广告内放上官方网站网址、电商平台二维码或者社交媒体平台二维码,以便客人在线下接触广告后,在线上进行详细了解和行动。

项目引入

酒店线上与线下的立体营销

项目七　酒店市场推广和销售的方法

任务一　酒店线下使用的市场推广方法

 任务描述

本任务旨在使学生了解酒店线下使用的市场推广方法。

一、酒店线下常用的市场推广方法

酒店线下常用的市场推广方法有酒店内部广告推广、酒店外部广告推广、客户联谊活动和展会推广等。

(一)酒店内部广告推广

酒店内部广告是利用客人在酒店内所接触到的各种场所和媒介,对酒店的产品和服务进行宣传推广,使客人了解酒店的产品、服务和酒店的大事记,从而引起消费兴趣、认知和行动的市场推广方法。

酒店内部广告的投放地点主要有电梯井内外、客房内、酒店户外位置和正门进口、酒店大堂、各营业场所的入口、停车场等客人停留的场所。酒店内部广告的载体包括纸媒、实物广告体、平板等可以移动的广告载体,以及各类电子显示屏、客房内电视开机广告、灯箱、喷绘、广告牌等不可移动的广告载体。

酒店内部广告的投放场地和场景都是以线下为主,但酒店需要通过线下的广告将线下的客人引导到线上,所以需要在线下广告内放上官方网站网址、电商平台二维码或者社交媒体平台二维码,以便客人在线下接触广告后,在线上进行详细了解和行动。

(二)酒店外部广告推广

酒店外部广告是根据酒店的产品和服务的不同,针对不同的消费市场以不同的线下第三方广告媒介进行宣传推广的方法。酒店通过线下第三方广告媒介投放的内容根据投放目的可以分为硬广告和软广告两种形式。产品销售和促销活动推广以硬广告为主,需要在广告中说明产品销售与促销活动的时间、地点、内容和价格。酒店形象宣传以软广告为主。

在数字时代,无论硬广告还是软广告,都和酒店内部广告推广方法一样,要通过在广告文案和图中置入能够将客人从线下引导到线上的二维码、官方网站等信息。

(三)客户联谊活动

客户联谊活动是酒店为了感谢客户和加强与目标客户群体(包括老客户、老客户推荐的新客户、长包房客户等)的良好关系而举办的一种公关活动。目的是增加客户对于酒店品牌的忠诚度、产品和服务的黏合度,从而增加酒店的各项收益。这种推广方式是酒店最直接、最有效地在酒店和客户群体之间建立长期互信和有效合作的精准推广手段。

(四)展会推广

酒店会举办各种展会,如旅游展、婚博会,吸引产品的卖家(如旅行社、差旅服务公司、奖励旅游公司等)以及目标消费者参加。例如,很多城市每年都会举办婚博会,吸引当地高星级酒店和高档餐厅参加。婚博会是以近期要举办婚礼的当地客人为邀请对象的主题展会,具有一站式、全产业链特点,婚博会是当代结婚消费群体的重要参与活动,是当地打算结婚的消费群体主要的聚集场所。

二、策划线下的酒店市场推广活动

在策划线下的市场推广活动时,酒店营销策划人员要从实施步骤、工作要求、实施难点、推广成本、涉及部门和岗位等几个方面进行内容策划和方案制定。以酒店内部广告推广方法为例,具体策划内容如下。

(一)实施步骤

酒店内部广告推广的实施步骤如下。
(1)确定营销推广的目的。
(2)确定推广形式。
(3)选定广告策划人或者机构。
(4)确定发布时间。
(5)确定广告费用和预算。
(6)确定最终的广告文案和图案。
(7)确定广告的数量。
(8)确定广告的宣传频率。
(9)按确定的推广形式在既定的时间进行广告发布。
(10)广告发布期间的维护、更换和添加。
(11)广告推广结束后及时清理。
(12)对店内广告效果进行统计分析。

(二)工作要求

酒店内部广告推广的工作要求如下。
(1)广告内容简单、明了、直接。
(2)广告形式容易吸引人的注意。
(3)广告内容和酒店产品必须相符。
(4)注意每一个广告的时效性,突出当前。
(5)注意过时广告信息的及时清理。
(6)广告位置要在醒目处和客流量集聚之地。

(7)广告资料要便于客人拿取和翻阅。
(8)不同的场景可以布置不同的广告。
(9)注意图像和印刷的质量。
(10)注意文字和图像版权。
(11)广告内容符合酒店的品牌形象。
(12)慎用临时性的广告位(如易拉宝),以免在高端酒店造成环境氛围凌乱的感觉。
(13)慎用大型的喷绘海报、横幅、导向牌,以免破坏氛围。
(14)要及时更新电子屏和电视屏的广告内容。

(三)实施难点

酒店内部广告推广的实施难点如下。
(1)广告内容的质量。
(2)广告表现形式的新颖性以及和酒店的档次是否相匹配。
(3)广告的及时性发布和下架管理。
(4)纸质广告的印刷数量。
(5)如何充分有效利用酒店的广告资源。
(6)投入和产出效益难以简单衡量。
(7)通过内部广告让酒店的服务接待部门提升品质和产品打造能力。

(四)推广成本

酒店内部广告推广的成本如下。
(1)设计费用。
(2)图片拍摄或者购买费用。
(3)物料费用。
(4)设备租赁费用。

(五)涉及部门和岗位

酒店内部广告推广的涉及部门和岗位如下。
(1)市场传讯部门,包括市场传讯经理、美工等。
(2)采购部门。

任务二 酒店线上使用的市场推广方法

 任务描述

本任务旨在使学生了解酒店线上使用的市场推广方法。

一、酒店线上常用的市场推广方法

酒店线上常用的市场推广方法有节事活动推广、KOL 推广、内容分享社区推广、短视频推广、直播推广、社群推广、会员制推广、数字广告推广等。

(一)节事活动推广

节事活动推广就是在特定的日期,根据特定的主题,针对特定的消费者提供特定的产品和服务的营销活动。在移动互联网和社交媒体时代,因为传播的广度和效率快速提升,节事营销的传播手段已经从线下转到线上,通过各种数字媒体实现节事活动的快速传播,以此实现品牌高效传播、新客户获取、老客户激活和销售收入增加的目的。节事活动并非就是局限在法定节假日,酒店只要能找到一个好玩的,且能吸引消费者参与的主题,就能够策划并举行一个节事营销活动。

(二)KOL 推广

关键意见领袖(Key Opinion Leader,KOL)是指在相关领域有权威性和影响力的人、媒体或者组织,且拥有众多认同和信任其观点和理念的拥趸。KOL 的粉丝黏性较强,其价值观为大多数粉丝所认同。所以对于 KOL 的推荐,粉丝们是带有信任度的,粉丝们会真正地阅读、点赞甚至分享推荐。在社交媒体时代,旅游"大 V"、旅游达人等 KOL 的体验经验,成为消费者选择旅游产品和酒店的重要参考依据,而 KOL 推荐也正逐渐成为当下一种新兴的营销方式,吸引着越来越多的酒店采纳。KOL 推广即酒店选择符合其品牌定位、与其目标客户价值观匹配的 KOL,并和这些 KOL 共同策划相应的社交媒体互动传播方案,使得酒店的品牌和潜在目标客户建立联系,以促进品牌提升、潜在客户获取和销售产品推广。

(三)内容分享社区推广

内容分享社区是指用户将自己原创的内容分享到互联网上专门的 UGC(User Generated Content)社区平台上。UGC 社区类型包括论坛类社区,如虎扑;算法推荐类社区,如小红书;问答类社区,如知乎。

内容分享社区推广是指酒店通过创造优质的产品和服务,促进人们在 UGC 社区平台上分享消费体验,从而为酒店带来良好口碑和更多潜在客户的推广方法。

(四)短视频推广

短视频营销是酒店借助于长度在 5 分钟内的短小精炼视频对品牌、产品和服务进行推广的营销方法。短视频是指在各种新媒体平台上播放的、适合在移动状态和短时休闲状态下观看的视频内容,时长在几秒到几分钟不等,横版短视频一般在 5 分钟以内,竖版短视频一般在 1 分钟以内。短视频因为短小精炼、传播速度快、制作门槛相对较低、社交属性强,所以广受人们的喜爱。这使得短视频应用层出不穷,用户数量不断攀升。除娱乐功能外,短视频借助短、新、快、奇的特点,逐渐成为旅游行业的一大有效营销手段,酒店利用快手、抖音这些短视频 App 开展短视频营销,进行品牌传播、引流

微课
▼

短视频
推广知识
导入

获客和商品销售，也带火了很多旅游目的地。

短视频"带货"转化的能力不可小觑。短视频作为一种立体、直观，并结合声响、动作、表情的富媒体营销工具，容易给用户在视觉、听觉上的强烈刺激，从而让用户产生浓厚的兴趣。以抖音、快手为代表的短视频平台提供了电商功能，让用户边看边购。

（五）直播推广

直播推广是指在 PC 端平台和移动端平台上以视频实时直播方式进行品牌推广和产品销售的互动营销方法。在发展之初，直播仅被作为个人秀场，用来提升直播者的知名度。但随着消费者逐渐养成看直播的习惯，直播逐渐成为酒店的新宠。淘宝网是最早布局直播电商的平台。2015 年后，直播营销逐渐转型到移动端，直播平台竞争激烈。在旅游业，主要的直播平台有飞猪、携程、美团等 OTA 平台。

直播营销结合了短视频营销、社群营销、口碑营销、事件营销、电商营销等特点，打通了品牌、用户、交易和社区等要素。直播营销的模式有直播间隙插入视频广告、主播分享推荐产品、明星或网红参与产品体验活动、电商卖家秀等模式。

微课

直播推广
知识导入

（六）社群推广

社群本是地理学和社会学上的概念，表示一个地区性的社区或一种特殊的社会关系。而如今所指的社群还包括互联网上的各种社群，是指人与人出于共同探索或追求某一事物，包括兴趣、人物、知识、技能、工作而聚合在现实或者虚拟空间内进行交流的群体组织。社群的载体就是各种社交媒体平台，如微信群、QQ 群、微博群、抖音群聊、钉钉群、闲鱼鱼塘等。在社群中，信息传播速度快，社群成员之间持续互动并相互影响，形成心理上的归属感和认同感。社群推广就是酒店营销人员通过自己创建或者参加与酒店文化、产品和服务属性相关的兴趣社群，并通过各种方式和场景的设计，增强社群中的用户信任和支持酒店品牌的营销方法。从酒店角度来看，社群推广主要是以社群中的用户为中心，通过有特色、定位明确的内容来维系受众，构建酒店与用户、用户与用户之间的连接，借助社群中人与人的关系以快速实现品牌、产品、促销信息的快速传播与扩散，从而实现营销推广目标。

（七）会员制推广

会员制推广是指酒店为了与客户建立长期关系而设计的差异化客户关系管理体系和服务计划。该计划对于消费相对频繁的客户提供一系列服务权益、增值服务、购买优惠、积分奖励的目的在于提升客户忠诚度和复购率。

会员制可以分为限制型会员制和开放型会员制。限制型会员制是指酒店为了提升会员计划的价值感，并将主要精力集中在特定细分市场，因而对参加会员计划的客户有特定的要求甚至需要付费加入。开放型会员制是指酒店为了吸引更多潜在客户的关注并获得更多的口碑和市场占有率，对参加会员计划的客户资格不做要求。除了少量定位于高端客源市场的酒店和会所，大多数酒店在实施会员计划时，都采取开放型的会员计划。

酒店的会员计划主要包括会员及会员权益的分级管理、会员积分奖励计划两大部分。酒店会根据会员的属性、行为和贡献将会员进行分级,并在产品、服务、价格、销售、沟通和流程上进行差别化待遇,以便识别有价值的客户,强化和最有价值的客户之间的关系,提升这些客户的忠诚度和钱包份额。

积分计划是酒店会员计划的重要组成部分,它不仅仅是衡量客户价值的重要标准,也是维系客户留存的主要手段。有效的积分计划可以起到吸引新客户加入会员计划,维系客户忠诚,促进客户持续消费,为竞争对手设置竞争壁垒等作用。

(八)数字广告推广

数字广告推广是指以数字媒体为载体,借助于广告技术(AdTech),通过阿里、腾讯、字节跳动、百度、携程、美团等提供精准流量的平台进行品牌、产品和活动的推广,推广方式包括各类网页广告、付费搜索、原生广告、程序化购买等。数字广告推广能够让酒店以自动化的、实时的、面向目标人群快速精准投放的方式获取潜在客户。酒店业常用的数字广告推广平台有百度的搜索引擎竞价排名、微信朋友圈广告、抖音POI投放、小红书信息流广告等。

以微信朋友圈广告为例。微信朋友圈广告是基于微信公众号生态体系,以类似朋友的原创内容形式在朋友圈中展示的原生广告。用户可以通过点赞、评论等方式进行互动,并依托社交关系链传播,为品牌推广带来加成效应,按曝光次数计费。如果一个用户的朋友圈出现一条广告,这个用户选择"我不感兴趣"或者根本不看它,这条广告出现在该用户其他好友的朋友圈的概率只有20%;如果该用户与这条广告进行了互动(包括点击查看详情、点赞或评论),则这条广告在该用户好友的朋友圈出现的概率提高到95%。微信朋友圈一条广告的有效期只有7天,单个用户48小时内只会收到一条广告,广告出现6个小时之内没有互动,就会从你的朋友圈中消失,如果互动,则一直保留。

二、酒店线上市场推广活动的策划

在策划线上的市场推广活动时,酒店营销策划人员要从实施步骤、工作要求、实施难点、推广成本、涉及部门和岗位等几个方面进行内容策划和方案制定。以酒店微信群推广方法为例,很多酒店通过微信建立用户交流和互动群,让用户和酒店,用户和用户之间进行正面交流、相关内容分享和对用户有用的福利政策分享,具体策划内容如下。

(一)实施步骤

酒店微信社群推广的实施步骤如下。

(1)确定建立微信群的目的,包括促销活动、客户服务、会员发展等。
(2)提交建立微信群的方案,包括群名、管理员(建群、群管)、群规。
(3)邀请或者鼓励客户入群。
(4)策划群内互动内容及活动组织。
(5)效果评估。

(二)工作要求

酒店微信社群推广的工作要求如下。
(1)有组织者进行日常的管理。
(2)有价值的内容分享或者活动,并和酒店产品相关。
(3)制定群规并控制人数,如果超过 150 人,则另外再建一个群。
(4)培养种子客户进行传播。
(5)不定期有小福利或优惠。

(三)实施难点

酒店微信社群推广的实施难点如下。
(1)需要安排专人维护并与用户互动,例如,负责管理微信群的人员每天需要搜索一些和酒店品牌产品相关且对用户有用的信息分享到群里,或者分享一些福利并及时回复用户提出的问题。
(2)对群中负面消息的及时发现和管控。
(3)对群营销效果的量化分析,包括识别群中的意见领袖和有效用户。

(四)推广成本

酒店微信社群推广的推广成本如下。
(1)优惠券。
(2)分销奖励佣金。

(五)涉及部门和岗位

酒店微信社群推广的涉及部门和岗位有市场销售部的市场专员、销售专员。

任务三　酒店线下使用的销售方法

 任务描述

本任务旨在使学生了解酒店线下使用的销售方法。

一、酒店线下常用的销售方法

酒店线下常用的销售方法有电话销售、客户款待、来访接待、预约拜访、交叉销售、向上销售等。

(一)电话销售

电话销售是指销售员利用电话与客户建立合作关系和洽谈具体业务的方法。在酒店业,电话销售可以为分两种场景,一种是主动致电客户,另一种是接听客户电话。

电话销售有三种情况。第一种是为了具体业务的洽谈,特别是针对已经确认的生意,并对确认的生意通过电话进行具体安排和讨论;第二种是以加深客户关系为目的的沟通,主要包括节假日问候、生日问候等,或者对客户投诉的处理沟通;第三种是针对潜在的业务信息的沟通,主要是对未确定的业务的意见征询。

电话销售的对象是在酒店已有消费记录的客户或者有消费需求信息的潜在客户。

(二)客户款待

客户款待是酒店为了加强和客户之间的感情维系,商谈具体的业务活动,而接待或邀请关键客户到酒店体验,并设宴招待的销售方法。通常由营销部门提出申请,说明邀请对象、邀请目的、邀请人数、宴请时间、宴请标准、陪同人员以及预算,并报总经理审批,确定具体联系人或者安排人。重要客户需安排酒店总经理出席。

(三)来访接待

来访接待是酒店较常见的销售方法,是指对本酒店产品和服务有意向而前来参观和洽谈的客户,由销售人员进行及时跟进洽谈。来访接待面向的客户类型主要包括酒店主动邀约、熟人介绍、慕名而来三种类型。这种销售方法的主要作用是确认生意、建立关系和加强双方的了解。

(四)预约拜访

预约拜访是酒店销售人员日常的销售工作内容,是指销售员为了达到特定目的,在和客户约定的拜访时间和地点进行拜访。预约拜访的作用主要包括维护客户关系,了解客户需求,达成交易目的,加强沟通了解,建立合作关系。

(五)交叉销售

酒店前台接待人员的一个重要工作内容就是对客的交叉销售。交叉销售是指对已经预订的客户在前台入住时提供购买其他产品的建议,并努力达成更多交易。交叉销售对酒店的好处显而易见,有利于提升对客户"钱包份额"的占有,提升客户终身价值(Life Time Value,简称 LTV),提高每个客户的平均订单价值(Average Order Value,简称 AOV),增加客户留存率,增加收益,提高利润,以及获得更多关于客户购买产品或服务的可能性的数据。

(六)向上销售

酒店的前台除了向客户进行交叉销售,还可以开展向上销售。向上销售是指向已经选择并正在购买某一特定产品或服务的客户,或已经购买但还没有开始体验的客户推荐该产品或服务的升级品。比如,对于预订了标准房的酒店客户,在客户抵达酒店前

交叉销售和向上销售

向其推送消息,告知其可以通过支付少量费用就升级到更高等级的客房。

二、策划酒店线下的销售方法

在策划线下的销售方法时,酒店销售人员要从实施步骤、工作要求、实施难点、销售成本、涉及部门和岗位等几个方面进行销售方法的设计。

预约拜访是销售人员常规性的工作内容。金陵连锁酒店原总裁陈雪明将销售人员预约拜访客户的目的分为维护客户关系、了解客户需求、达成交易目的、加强沟通了解和建立合作关系五种。销售人员需要针对每一种目的分别制定流程。例如,当以老客户和潜在客户为主要对象时,目的为"了解客户需求"的预约拜访的方法设计如下。

(一)实施步骤

预约拜访的实施步骤如下。

(1)通过电话预约客户,致电时要注意:

①要用愉悦的口气,让对方感受到销售人员热忱服务的意愿;

②约定拜访时长,10—15分钟为宜;

③具体拜访时间以客户时间为准,或者提供几个时间段让客户选择,并马上给以确认。

(2)按照约定的时间登门拜访,提前5分钟到;如果迟到,也需要提前5分钟告知对方准确的抵达时间。

(3)见面时就要努力给客户留下良好的第一印象,销售人员需要:

①见面首先对打搅表示歉意;

②寻找合适的话题或用赞美的话题进行寒暄,以便形成活跃的气氛和融洽的关系。

(4)询问客户使用酒店的信息状况和意向。在这个沟通过程中,要注意:

①认真聆听客户的情况介绍,并提出关切的问题和细节,请客户作答;

②如果客户没有确定意向,销售人员要表达对做好服务接待的愿望、信心和能力;

③如果客户已经有安排,要表示理解;

④如果客户还没有具体定下来,销售人员要表达出保持密切联系的期望,请求客户一旦确定,就告知;

⑤如果客户确定选择本酒店的意向,立即表示感谢、态度和决心,并了解更多的消费需求和细节;

⑥对占用了对方的时间再次表示歉意,并感谢对方的接待和给予的机会,然后离开。

(5)结束拜访,结束时要感谢客户为销售人员本人和酒店提供服务的机会。

(6)回到酒店后,将拜访情况在客史档案中记录在案。对于有消费的意向,销售人员要做好相应的服务方案和报价,并尽快提供给客户。

(二)工作要求

预约拜访的工作要求如下。

(1)对于客户所介绍的情况和打算都要认真聆听,即使有些安排并不在本酒店,销售人员也要表示理解,同时还要表达出对接待和服务客户的心愿及热忱的态度。

(2)拜访时注意不要让客户产生为难和尴尬的感觉,但要让客户感受到酒店可以保证为其提供更好的服务和产品的能力和态度。

(3)拜访时,要尽可能多地了解客户的消费需求和动态。

(4)提前5分钟到,如果迟到,也需要提前5分钟告知对方准确抵达时间。

(5)拜访时,不要主动谈论竞争对手。

(三)实施难点

预约拜访的实施难点如下。

(1)预约到有决策权的客户。

(2)拜访过程中能否了解客户的喜好,以便投其所好。

(3)寻找共同感兴趣的话题,把控拜访时的气氛。

(4)是否能充分了解客户,并让客户充分了解你,从而使双方互相留下良好的印象。

(四)销售成本

预约拜访的销售成本如下。

(1)销售员的交通费用。

(2)拜访时赠送客户的礼品。

(五)涉及部门和岗位

预约拜访涉及的市场销售部的销售人员包括销售总监、销售经理、销售代表。

任务四　酒店线上使用的销售方法

任务描述

本任务旨在使学生了解酒店线上使用的销售方法。

一、酒店线上常用的销售方法

酒店线上常用的销售方法有社交分销、微商城预售、差别定价等。

(一)社交分销

社交分销是指商家借助具有记录个人用户从分享推荐行为到成功推荐全过程功能的分销系统,鼓励用户在商家的App、微信公众号上向其社交网络中的朋友圈推荐和分享商家商品或者权益卡券,并按照成交订单金额进行奖励的销售方法。在酒店业,社交分销主要是通过接入第三方分销系统的微信公众号实现的。

社交分销是移动互联网和社交媒体时代产生出来的一种新型销售方法,参与社交分销的不仅仅是酒店的客户,还有酒店的全体员工。关注酒店微信公众号的客户或者员工只需要一键分享相关产品到朋友圈,使得酒店商品可以便捷触达员工或者客户的社交圈层,从而实现多层次的传播链条。这种销售方法使得酒店将员工和(潜在)客户资源在真正意义上做到了"酒店化",并实现了多层次的传播链条。

(二)微商城预售

微商城是依附在社交媒体上的商家店铺,如微信商城、抖音商城、小红书商城等。酒店可以将餐饮、客房、康体、权益卡券、礼品特产、促销活动等产品和服务以"虚拟商品"的形式在微商城进行预售,用户在微商城购买酒店商品后获得的购买凭证通常是电子凭证,持电子凭证到酒店消费场所核销即可。酒店微商城中的商品举例如表 7-1 所示。

表 7-1 酒店微商城中的商品举例

酒店微商城中的商品类型	商品举例
餐饮	双人自助午/晚餐、家庭自助午/晚餐、单/双人下午茶、多人点心任吃、多人午市套餐、自助早餐包月、蛋糕券、冰激凌券、咖啡券、招牌菜肴/西点
客房	客房打包产品套票(连住多晚套票、房费+早餐+午餐+下午茶+自助晚餐+欢乐时光+升级、周末套票)
康乐	单人单次健身、游泳月/季/年卡、健身课程、健身年卡、SPA 护理
权益卡券	代金券、会员卡包(房券+餐券+健身券+月饼券+折扣券+抵用券)

酒店还可以通过微商城开展各种促销活动,常见的微商城活动包括会员日促销、店庆促销、中西方节日促销、"双十一"大促、"618"大促等。

为了鼓励微商城商品预售的效果,很多酒店会借助于微商城所依附的社交媒体的分享推荐功能,使得微商城成为酒店开展"社交电商"的重要平台。消费者除了自己可以在商城中购买产品,还可以参与分销奖励计划,在自己的朋友圈中分享产品,并在推荐成功后获得商家的佣金奖励。可以说,微商城让粉丝价值转化为真实的传播价值和商业价值。

(三)差别定价

酒店客房、餐厅座位、会议场地均具有易逝性、需求波动性、可预订、固定成本高而可变成本低的特点。因此,为了尽可能提高销售收入,可以采取基于收益管理思维的差别定价方法。在对的时间用对的价格通过对的渠道销售给对的客户,以此来实现酒店收益的最大化。酒店业常用的差别定价策略如下。

(1) 按客户身份差别定价：按照会员身份和等级、客户类型（如协议客户、非协议客户）进行差别定价。

(2) 按行为特点差别定价：根据客户的订购、访问等行为进行差别定价。

(3) 按购买时间差别定价：在限定时间或者在固定时间举行抢购活动，吸引一些对价格敏感的客户。

(4) 按购买渠道差别定价：将客户尽可能转向酒店所希望的销售渠道。

(5) 按购买数量差别定价：常见的按购买数量差别定价的方法有拼团、限量秒杀等。

(6) 按购买次数差别定价：常见的按购买次数差别定价的方法有"首次购买优惠""购买第二件五折"等。

(7) 按产品捆绑差别定价：常见的按产品捆绑差别定价的方法有"加一元升级""加一元多一件""买一送一""满减""满折""可拆分使用的套票""订购送积分""订购送券"等。

(8) 按产品属性差别定价：常见的按产品属性定价方法有"按不同景观定价""按不同楼层定价"等。

(9) 按订购流程差别定价：常见的按订购流程差别定价的方法有"注册后价格更优惠""同时预订更优惠""订购后抽奖"等。

(10) 按库存数量差别定价：根据库存数量的变化动态调整价格，尽可能提升收益。

二、酒店线上销售方法的策划

在策划线上的销售方法时，酒店销售人员要从实施步骤、工作要求、实施难点、推广成本、涉及部门和岗位等几个方面进行销售方法的设计。以微商城预售这个销售方法为例，策划内容如下。

(一) 实施步骤

微商城预售的实施步骤如下。
(1) 提供微商城预售的产品清单和价格策略。
(2) 进行产品推广文案的制作。
(3) 寻找更多个人、销售和媒体渠道分发微商城产品与活动内容和页面。
(4) 为客户到店消费提供便捷的核销使用。
(5) 将到店消费的客户发展成为粉丝和会员。
(6) 销售业绩分析。

(二) 工作要求

微商城预售的工作要求如下。
(1) 精心策划微商城上的产品策略。
(2) 做好关联营销，客户通常会去浏览某一商品详情页，可以在详情页里面搭配一些推荐产品，提高其他产品的曝光率和展示效果。

(3)当客户在微商城上下完单后,微商城系统还可以向其赠送其他产品优惠券等,实现二次营销,提高客户的复购率。

(4)每个商品内容的设计都需要考虑给客户一个立即购买的理由。

(5)对可以辐射的所有人员(特别是员工)进行传播,想要爆发式增长,就要尽可能扩大基数,一带三,三带多,多带多。

(6)微商城上架的商品要让客户感觉到占了便宜,而不是买了便宜。

(7)微商城页面上展示的产品原价、产品相关信息的丰富性和清晰性。

(三)实施难点

微商城预售的实施难点如下。
(1)产品的组合和打包策略。
(2)寻找本地媒体以及第三方合作伙伴的推广。
(3)内容的设计。
(4)如何吸引目标客户参与。
(5)如何扩大传播范围。

(四)推广成本

微商城预售的推广成本如下。
(1)分销的佣金。
(2)优惠券的费用。
(3)媒体投放的费用。

(五)涉及部门和岗位

微商城预售涉及部门和岗位如下。
(1)酒店市场销售部门。
(2)酒店所有部门的员工参与分销。

实训任务一 会员日活动

一、任务目的

本任务要求从会员运营的角度,通过酒店数字营销系统完成会员日活动内容的设置,从而让学生能够:
(1)了解会员日活动的策划内容。
(2)理解会员日活动对用户运营的意义和价值。

(3) 掌握通过酒店在线营销工具对会员日活动的设置。

二、任务描述

(一) 任务背景

通过会员制开展在线运营已经成为数字营销的重要手段,并深入到消费者生活的方方面面。会员制不仅仅是吸引消费者的手段,也是消费者获取优质服务和权益资源的准入条件。连锁酒店和全服务式酒店每天接待数量众多的消费者,并且能够通过差异化的服务方式较快地发展会员。当酒店通过各种方式发展一定数量的会员后,就需要将会员运营的重心从会员招募工作转移到会员留存工作。提高会员留存率的营销方法也很多,其中,设定一个固定的时间作为"会员日",供会员们进行"狂欢"消费是很多酒店常用的营销方法。

(二) 学习重点

1. 会员日的策划

会员日的营销方式常见于新零售、航空公司、连锁酒店等行业,是在特定的日期,以特定的主题,针对特定的消费者提供特定的产品和服务的营销活动。它是酒店为了提升会员活跃度,而设计的一个有趣且能吸引会员参与的节事活动。酒店策划能力的高低决定了会员日活动收益的高低。策划的重点是会员日活动策划的性价比、特色性、趣味性和差异性。

2. 会员日活动对客户留存的价值

对于有趣、有用、有价值的活动,消费者是永远欢迎的。为了吸引老客户留存,酒店可以制定活动日历,可以每月固定一天作为"会员活动日",为老客户提供秒杀、拼团、电子优惠券等优惠,有条件的酒店还可以定期在线上为客户开设一些直播课程。以此来培养老客户的回访习惯,从而提升留存率。

3. 电子折扣券、代金券、消费券、积分翻倍等多种促销方式的设置

随着移动互联网和社交媒体的应用和普及,会员日的活动形式从线下走向了线上。无论为会员提供哪一种形式的优惠或者权益,电子券、积分都是会员日活动中参与活动、获取权益、购买商品的凭证。

三、任务书

某五星级酒店会员制经过 2 年推广,已经累积了 5 万会员。为了提高会员的活跃度,酒店打算将每月的 18 日作为会员日,在会员日,活动文案和形式如下。

每月 18 日,我们和您相约!

劲爆活动、超值优惠,尽在酒店会员日!让人眼馋的福利,高端大气的特权,只为酒店会员准备!在本月 18 日,新一波会员活动重磅来袭,只等您参与!

当天活动形式如表 7-2 所示。

表 7-2　活动形式

活动形式	详细说明
客房升级券金卡会员任性送	系统赠送,金卡会员每人限领 1 张,有效期 90 天
海量 50 元客房优惠券,来就领	商城通栏图点击领取,客房消费满 600 元可用,有效期 30 天,限量 100 份,每人限领 1 份
会员专属下午茶特价,等你抢	仅活动当天销售,不限量,不限购,有效期 30 天
酒店商城 8.8 折优惠券,全场 Sales	限量 100 份,每人限领 1 份,有效期 30 天
购买海鲜自助晚餐直减 68 元,特惠享	仅活动当天销售,不限量,有效期 30 天
当天预订会员日活动商品积分翻倍,轻松兑换礼品	商品购买后积分奖励 200%

四、任务工具

本任务所用的技术工具如下。

(1)卡券营销管理系统:用于活动商品关联卡券的设置。

(2)在线商城管理系统:用于活动商品的各个要素设置。

(3)官方网站/微信公众号/小程序:在设置活动商品后,通过模拟的前端网站页面进行查询和预订。

五、任务实施步骤

(一)流程图

会员日在线商城活动的设置流程包含以下四大模块(见图 7-1)。

活动相关卡券设置 ⟶ 活动领券入口设置 ⟶ 活动专题(分类)设置 ⟶ 活动商品设置

图 7-1　会员日在线商城活动的设置流程

本实训中的活动商品以海鲜自助晚餐为例进行设置。

(二)关键步骤

1.卡券设置

在卡券配置中新增本次活动中相关的卡券,包括卡券类别、基础信息、有效期、领取及使用限制等(见图 7-2)。

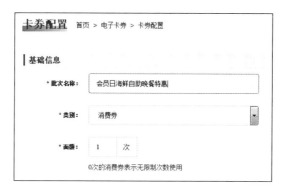

图 7-2　卡券设置

2. 活动领券入口设置

在商城通栏图中新增活动领券入口(见图 7-3)。

图 7-3　商城通栏图设置

3. 活动分类设置

在活动分类中新增本次活动(见图 7-4)。

图 7-4　活动分类设置

4. 活动商品设置

在本次活动分类下新增相关活动商品,包括基本信息、商品型号、价格、活动方式等内容(见图 7-5 和图 7-6)。

项目七 酒店市场推广和销售的方法

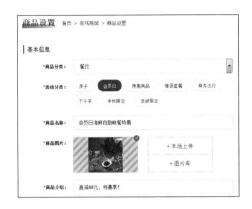

图 7-5 商品设置

图 7-6 商品型号及价格设置

5. 前端商城页面设置

对于有推荐专区的商城,还可将主推产品添加入推荐专区,以吸引用户注意。前端商城首页、会员日活动专区示意图如图 7-7 所示。

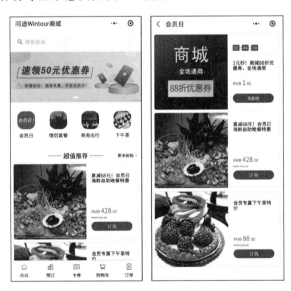

图 7-7 前端商城首页、会员日活动专区示意图

六、任务注意事项

(1)卡券类型的选择、卡券领取及使用限制。
(2)商品活动时间、商品购买限制等设置。

七、任务完成结果与评价

(一)任务完成结果

(1)在前端商城页面能够成功展示已设置的活动入口及专题区。
(2)在活动期间,能够成功购买商品并获取相应的电子券。

(二)任务完成评价

(1)能理解并说明学习重点中的几个概念。
(2)商品的标题、图片等展示效果能否吸引客户预订。

八、任务拓展

学生可收集整理其他酒店会员日活动案例,分析其设计是否合理、是否吸引客户参与。

> **项目小结**
>
> 本项目的学习,让我们知道酒店的市场推广方法分为线下和线上两种,线下方法包括酒店内部广告推广、酒店外部广告推广、客户联谊活动、展会推广;线上方法包括节事活动推广、KOL推广、内容分享社区推广、短视频推广、直播推广、社群推广、会员制推广、数字广告推广。酒店的销售方法同样分为线上和线下两种,线下方法包括电话销售、客户款待、来访接待、预约拜访、交叉销售、向上销售;线上方法包括社交分销、微商城预售、差别定价。

项目八
酒店数字化运营与管理虚拟仿真实训

项目描述

数字经济时代,酒店业面临数字化转型中的人才危机。以大数据作为决策依据的当下,酒店业缺乏高质量的数字化资产,酒店管理人员无法精准判断顾客购买需求,造成运营管理效率低下。为此,以"数据化"为基础的酒店数字化运营与管理模拟实训应运而生,酒店业可获得自由反复利用、无须付费、即时呈现的酒店运营数据,实现酒店低成本、快速化、转化高、决策快的运营目标。然而,酒店业开展数字化运营与管理较为困难,根据 Dimension Data 2017 年发布的《全球客户体验基准研究报告》(*Customer Experience Benchmark Report*),81%的酒店认为数字化宾客体验将成为未来差异化竞争力的核心,但只有13%的酒店认为自己在这方面的表现能够达到9—10分或超越了竞争对手。如何实现从传统酒店管理思维到数字化运营思维、从传统技能到数字化技能的过渡,是摆在酒店面前的头号难题。

酒店业人才需求是酒店管理教育改革的重点。面对酒店业数字化运营与管理人员缺乏的问题,以及酒店业数字化实践教学存在酒店管理核心业务学生难以触及、酒店运营过程不可逆、数字化运营与管理环节无法重复等难点,本项目遵循"以学生为中心"的教学理念,秉承"能实不能虚、虚实结合"的设计原则,旨在通过虚拟仿真实训,培养学生的数字化运营与管理能力。

项目目标

知识目标

1. 了解酒店市场营销、服务管理的目标。
2. 掌握酒店数字化运营与管理方法和技术。
3. 掌握虚拟仿真实训教学课程的实训设计、教学方法、评价体系等方面的特色基本知识。
4. 具备酒店市场营销、服务管理、酒店管理、旅游学概论等相关课程的知识。

能力目标

1. 具备酒店市场客群分析能力、酒店产品组合能力。

2.具备细分市场分析能力、市场营销方案策划能力。
3.具备基础逻辑能力、排版与编辑能力。

素养目标

1.了解华侨文化，弘扬拼搏、爱国的精神。
2.树立正确的人生观。

  知识导图

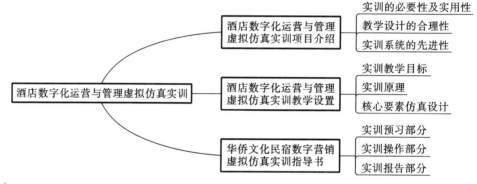

  学习重点

酒店数字化运营与管理方法和技术，以及数字化营销的运营虚拟仿真的程序。

项目引入

民宿联盟的数字营销

任务一 酒店数字化运营与管理虚拟仿真实训项目介绍

 任务描述

本任务要求学生了解酒店数字化运营与管理虚拟仿真实训中的酒店数字营销的背景和内容。

一、实训的必要性及实用性

(一)酒店数字化运营与管理情境无法实现教学需求

由于当前酒店建造成本大,酒店数字化运营与管理环境难以涉及,模拟酒店数字化运营与管理活动难以开展。然而,通过开发虚拟酒店运营环境,模拟酒店经营管理产生的数据,可以实现以上教学目标。为此,需要通过仿真技术开发酒店数字化运营与管理虚拟仿真实训平台,为提高学生的数字化运营能力提供保障。

(二)酒店数字化运营与管理过程不可逆

学生无法在实践岗位中反复练习,单次实践教学过程无法有效提高学生的数字化运营与管理能力。引入虚拟仿真教学,集酒店选址、酒店筹建、酒店规划、酒店运营于一体,不仅能够有效弥补传统线下实践教学过程不可逆的不足,还能缓解学生多、教师少、实习时间和地点受限的矛盾,充分调动学生学习数字化运营与管理的积极性,极大地提高实训教学效率。

(三)酒店数字化运营与管理核心业务无法触及

由于缺乏教学软件辅助,校内酒店运营管理课程多数采用理论教学,存在理论与实践严重脱节的问题,致使学生知识掌握模糊。在校外生产实习过程中,酒店所提供的实习岗位超过 80% 都集中于一线对客服务部门,由于商业秘密、岗位责任重大等,学生几乎无法介入酒店数字化运营与管理核心业务,造成酒店急需"有经验的人才"与酒店管理专业学生"高不成低不就"的尴尬局面。因此需要在校内搭建酒店数字化运营全面业务活动的实战仿真环境,开展全流程数字化运营与管理教学,提升知识运用能力、实践技能和创新能力。

二、教学设计的合理性

(一)教学理念的合理性

酒店数字化运营课程内容涉及面广、知识点多,如果无法调动学生参与的积极性,就无法实现教学目标。因此,本项目基于建构主义课程设计理念,引入"以学生为中心"的教学模式,采用基于BOPPPS课程设计模式,充分利用当前学生处于数字经济时代的已有认知和经验,结合酒店业数字化组织改造发展趋势,创设虚拟酒店虚拟仿真教学情境,使学生在该情境中进行知识提取、信息挖掘、岗位发展、协作学习,进而让学生在交互操作中展开数字化运营与管理虚拟仿真主动性学习,在虚拟情境中实现数字化运营与管理知识和学生未来职业发展相结合。

(二)教学内容的合理性

在教学内容提炼方面,本项目紧紧围绕如何实现酒店数字化运营与管理全流程,从实践业务中提取出"酒店选址—酒店筹建—酒店规划—酒店运营—数据复盘"五个阶段,以及十个关键步骤,既完整体现了酒店管理的全过程环节,又包括酒店数字化运营与管理的主要内容。不仅要求学生掌握酒店数字化运营与管理业务流程,还要求学生了解数字化运营的数据流,打通酒店运营的数据流和业务流,形成数字化的业务闭环,用数据赋能提高酒店精细化运营,提高实训教学的高阶性和挑战度。

(三)教学评价的合理性

本项目教学方式包括学生自学、教师教学、上机操作、酒店运营决策等环节。为了综合评判学生的学习效果,本项目采用多种评价方法展开学生成绩评定。一是通过系统自动评价方式,对于学生完成课前自学知识、实训预习内容和上机操作部分中有固定标准答案的实训部分内容,采用系统自动评分方式给出成绩评价。二是对于学生在实训上机操作中形成的过程反思、项目结果总结部分内容,需要学生将内化知识表述出来,手动输入系统中,该部分内容采用教师阅读后手动评价方式完成。三是对于酒店运营效果的评价,该部分内容以小组竞争评价方式实现效果评价,因此将小组获得虚拟币数额作为小组营销效果的最终成绩。最后,系统自动生成实训报告,汇总好各部分成绩,教师对实训报告进行综合评价并给出总成绩。

三、实训系统的先进性

(一)实训系统建设内容先进

本项目基于数字经济背景,结合当前酒店业数字化转型发展新趋势和数字化实战经验,为学生带来酒店业数字化运营与管理最新产业实践。本项目为以虚拟酒店数字化运营与管理过程为案例,根据酒店管理和收益管理理论,结合最新的数字化技术,深度解剖酒店数字化转型涉及的数字化战略、营销、运营、产品和技术等内容,剖析数字化转型的本质、驱动力和实现路径。

（二）实训系统教学原理先进

本项目始终遵循"以学生为中心"的教学理念展开建设，在综合分析当前学生的数字化知识储备、计算机基本能力、酒店业基础知识结构的基础上，结合酒店数字化运营课程应用性特点，运用布鲁姆教育目标分类法，将整个教学目标转化为精确、可测量的学生学习目标；然后，运用 UBD（Understanding by Design）教学设计工具对酒店数字化运营与管理项目内容进行有效的教学设计，将内容繁杂的酒店数字化运营过程整理为"酒店选址—酒店筹建—酒店规划—酒店运营—数据复盘"五个阶段，以及十个关键步骤；在具体课堂教学过程中采用学生学习收获多、体验好的 BOPPPS 教学模式实施教学活动，从而实现学生"学会、会用、用好"的学习目标。

任务二　酒店数字化运营与管理虚拟仿真实训教学设置

 任务描述

本任务要求学生了解酒店数字化运营与管理虚拟仿真实训教学设置。

一、实训教学目标

为培养符合产业需求的数字化运营与管理人才，本项目是在"培养卓越酒店管理人才"的专业目标指导下，结合"酒店管理""酒店数字营销""餐饮管理""前厅与客房管理""收益管理"等课程的教学目标，运用布鲁姆教育目标分类法，对本项目进行教学目标设置（见表 8-1）。

表 8-1　实训项目教学目标

课程教学目标	项目教学目标	预期学习效果
具备适应数字化转型管理岗位的技能，具有创新思维	Creating（创造） 编制科学、合理、创新的数字化运营与管理方案	编写一份酒店数字化运营与管理方案
运用数字化运营知识和方法对本专业领域的现象和问题进行分析和判断，提出相应的解决方案	Evaluating（评价） 评价虚拟酒店数字化运营与管理现状，找出其中的问题，提出改进策略	评估项目中虚拟酒店数字化运营与管理策略

续表

课程教学目标	项目教学目标	预期学习效果
运用数字化运营知识和方法对本专业领域的现象和问题进行分析和判断,提出相应的解决方案	Analyzing(分析) 分析虚拟酒店运营数据,开展数字营销、收益管理等方面的分析	分析项目中虚拟酒店运营数据,对数据背后反映的运营情况展开数据化分析
掌握数字化运营与管理实务操作与应用能力	Applying(应用) 胜任数字化运营与管理的工作	完成本项目数字化运营与管理全流程操作
掌握酒店数字化运营与管理知识	Understanding(理解) 归纳不同类型数字化运营方法的特点、内容、编写要求和编制程序	完成实训课前教学视频的学习、关键知识点测试、案例背景知识学习
	Remembering(记忆) 复述数字化运营与管理涉及的主要理论、知识点、计算方法	

二、实训原理

本项目的实训原理为在数字中国战略背景下,依托酒店数字化运营与管理虚拟仿真实训平台,对酒店的餐饮数据、销售数据、顾客数据与财务数据进行归一化处理,培养学生综合仿真能力和信息化、数字化素养,对酒店数字化运营与管理进行全流程跟踪。

本项目的核心要素是虚拟酒店的仿真运营过程和数据,包括场景和数据。采用高度仿真酒店的运行情况和组织结构,使学生更好地了解酒店数字化运营与管理情况,仿真度较高。

(一)战略管理

战略管理是指对一个酒店或组织在一定时期的全局的、长远的发展方向、目标、任务和政策,以及通过资源调配做出的决策和管理艺术。

(二)顾客满意度

顾客满意度是对顾客满意程度的衡量指标。常常通过随机调查获取样本,以顾客对特定满意度指标的打分数据为基础,运用加权平均法得出相应结果。

(三)最优选址模型

选址模型是用于求解最优选址问题的运筹学模型。例如,已知若干现有设施的地址,确定一个或几个新设施的地址;或已知需要被服务的节点,建立一个最优设施点,使其为节点更好地服务。

(四)收益管理

收益管理是让酒店盈利能力最大化的系统,该系统通过基于细分市场盈利能力的识别,确定销售价值、价格设定、折扣生成、订房的过滤准则,以及通过过滤规则的效益与实施的监控来达到酒店盈利能力最大化的目标。

(五)定价策略

定价策略是市场营销组合中一个十分关键的组成部分。价格通常是影响交易成败的重要因素,同时又是市场营销组合中最难以确定的因素。酒店定价的目标是促进销售,获取利润。这要求酒店既要考虑成本的补偿,又要考虑消费者对价格的接受能力,从而使定价策略具有买卖双方双向决策的特征。此外,价格还是市场营销组合中最灵活的因素,它可以对市场做出灵敏的反应。

(六)产品组合

产品组合是指一个酒店提供给市场的全部产品线和产品项目,也称"产品的各色品种集合",是指一个酒店在一定时期内生产经营的各种不同产品、产品项目的组合。

(七)RevPAR

RevPAR 是 Revenue Per Available Room 的缩写,指每间可供租出客房产生的平均实际营业收入,即用客房实际总收入除以客房总数,但一般都用实际平均房价乘以出租率表示,结果都是一样的。因为平均房价和出租率比总收入更具备可控性,所以很多酒店习惯用实际平均房价乘以出租率来计算。

(八)GOP

GOP 是 Gross Operating Profit 的缩写,指总经营利润,计算公式为 GOP=酒店各生产营业部门营业毛利总和(包括客房部、餐饮部和其他部门)—非营业部门总费用(包括行政部、市场营销部和工程部),各生产营业部门营业毛利=收入—直接成本—营业费用。

(九)RGI

RGI 是 Revenue Generation Index 的缩写,指收入产生指数,具体计算公式为 RGI=酒店的 RevPAR(酒店平均每间可租出客房收入)/市场的 RevPAR(市场每间可租出客房收入),其中市场 RevPAR=所有酒店房间收入总和/所有酒店的可租出客房总数。

(十)MPI

MPI 是 Market Penetration Index 的缩写,指市场渗透指数,具体计算公式为 MPI=实际酒店入住率/潜在酒店市场入住率×100%。较低的市场渗透指数,表明有很大的增长潜力;较大的市场渗透指数,意味着酒店要花更多的营销成本去吸引潜在客户。市场渗透指数越高,市场中的价格竞争越激烈,利润率反而会降低。

三、核心要素仿真设计

(一)构建虚拟酒店数字化运行环境

本项目中,学生在系统中自建虚拟酒店,并组成酒店运营团队开展数字化运营与管理工作。当前,在教学过程中酒店数字化运营与管理的真实环境难以实现,酒店数字化运营与管理活动难以开展,因此,本项目基于数字仿真和软件开发技术,独立开发了一套酒店模拟经营的虚拟仿真运行环境,可以满足学生在虚拟环境下开展酒店数字化运营与管理的学习需求。

(二)应用虚拟币仿真数字化运营模拟交易市场

在酒店数字化运营与管理过程中,本项目为了提升在真实环境下的酒店购买、交易与决策体验,学生在实训过程中获得可用于直接投资与建设的虚拟货币资金,通过自由设计酒店产品完成所创建酒店产品的上架与销售。同时,系统根据虚拟酒店决策数据随机生成虚拟订单,产生相对应的虚拟营业数据,学生对决策结果进行深度分析,找到酒店产品组合与价格设计对运营结果的影响。

(三)实训教学过程与实训方法

本项目秉承 BOPPPS 教学设计模式,实训教学过程是学生在学完酒店管理和收益管理理论的基础上,通过虚拟仿真软件完成虚拟酒店数字化运营与管理任务,以达到提升学生数字化运营与管理能力训练的目的。基于 BOPPPS 教学设计的实训教学过程具体如下。

1. B——情景创设

本项目以虚拟酒店为案例,课前学生通过理论知识学习,应用酒店管理和收益管理理论对虚拟酒店如何开展数字化运营进行构思、策划,进而让学生在学习过程中,能够更深入了解案例,为后续开展运营与管理提供场景。

2. O——问题导入

在课程开始前,学生根据理论课程的课后任务,思考如何为虚拟酒店数字化运营与管理的酒店产品提供思路,进而让学生完成本项目的学习目标。

3. P——预习测试

在正式上课开始前,应用系统自带的小视频学习功能和云课堂工具,通过 10 道题测试学生对数字化运营知识的掌握情况、知识点的理解程度,为正式讲解虚拟仿真实训步骤提供一个基本指引。

4. P——学习探究

完成前期准备后,正式开始实训。采用"教师讲授+学生实训+小组讨论+教师答疑"的模式展开实训教学。具体来看:

(1)由教师讲解此阶段实训主要内容与原理,重在给学生讲解实训框架,具体操作步骤略讲,留给学生充分思考与探索的空间。

(2)每个学生在不讨论、不交流的情况下,独自完成该阶段实训操作训练,总结操作收获与不足之处,为小组内部讨论做准备。

(3)小组成员内部交流,采用"亮、考、帮"方式相互讨论实训内容,说出收获的最大知识点和最大技能,请小组成员出题考查自己的实训操作水平,请小组成员帮助自己完成不会的操作或帮助其他成员,请教老师。

(4)教师集中点评,纠正大家在讨论环节中的集中错误,并进行本小节内容讲解,旨在推动学生知识内化、操作强化。

5. P——课后任务

完成虚拟仿真实训项目内容学习后,课后任务分为两部分:一是采用测试题的方式,重点检测各个知识点的掌握情况;二是课后讨论与反思,侧重于对项目整体逻辑思路的理解。为此,学生需要首先完成课后的测试题,以测试学习效果;其次根据本项目"酒店选址—酒店筹建—酒店规划—酒店运营—数据复盘"五个阶段的基本逻辑,梳理出策划酒店数字化运营与管理的总体思路、详细步骤和行动方案,为后续在酒店中进行数字化运营岗位的实习打下基础。

6. S——总结反思

应用所学知识,系统反思当前酒店数字化运营与管理的发展存在的困难和解决方法,并考量如何实现酒店数字化运营与管理的发展。

(四)步骤要求

实训总体包括实训预习、交互性操作和实训报告撰写,具体有十个步骤。

步骤一:知识预习。完成预习视频观看,了解项目背景,学习数字化运营与管理全过程知识点。

步骤二:选择酒店地址。根据实训背景信息,选择拟建酒店地块,并计算酒店选址位置综合评分。

步骤三:组建运营团队。根据拟建酒店目标定位,组建合理的运营管理团队。

步骤四:规划酒店布局。根据拟建酒店的市场定位,合理规划酒店各楼层功能布局。

步骤五:设计酒店产品。根据拟建酒店的定位与特征,开发出适合酒店的产品及其组合。

步骤六:合理制定价格。根据开发的酒店产品及其定位,为酒店产品制定合理的销售价格。

步骤七:制定数字化运营与管理策略。根据酒店产品组合以及产品价格,制定合适的酒店数字化运营与管理策略。

步骤八:营业数据分析。根据制定好的数字化运营策略,收集并分析酒店营业数据,发现酒店数字化运营存在的问题。

步骤九:数字化运营决策。根据上面步骤发现的数字化运营与管理产生的问题,结合酒店数字化运营现状,做出下一阶段的数字化运营决策。

步骤十:运营数据复盘。针对以上步骤进行总结分析,对实训步骤进行分析复盘,找出酒店数字化运营与管理的诀窍,并撰写酒店数字化运营与管理虚拟仿真实训报告。

(五)实训结果与结论

综合来看,实训结果包括以下几方面:

(1)完成酒店从筹建到运营全业务流程,通过虚拟酒店模拟经营,产生营业收入数据。

(2)通过设计组合酒店产品,在系统平台上完成数字化运营与决策。

(3)完成实训报告。

具体来看,为了实现在不同实训条件和操作下产生不同数字化运营效果的目的,本项目在酒店订单生成率上进行优化设计。营业收入的构成,是由订购的客人数量及产品单价决定的。本实训过程中模拟的酒店产品都是学生自主定价,因此需要学生在整个数字化运营与管理过程中,尽可能地增加订购客人数量,产生更高的营业收入。

(六)面向学生要求

1. 专业与年级要求

(1)专业:酒店管理、旅游管理。

(2)年级:本科或高职二年级。

2. 基本知识和能力要求

(1)基本知识要求。

由于本项目属于应用型课程,学生在学习前需要具备酒店市场营销、服务管理、酒店管理、旅游学概论等相关课程的知识。具体包括潜在市场规模、市场营销战略、酒店产品基本特征、顾客消费行为特征、酒店客源市场结构,以及计算机基础操作等知识。

(2)基本能力要求。

本项目重点在于掌握酒店数字化运营与管理方法和技术,需要学生在学习前具备旅游及酒店市场客群分析能力、酒店产品组合能力、细分市场分析能力、市场营销方案策划能力、基础逻辑能力、排版与编辑能力等。

(七)实训教学特色

1. 在教学理念方面

始终坚持"以学生为中心"的教学理念,解决学生在现实酒店运营管理中"做不到、做不了、做不好"的问题;始终坚持"产教融合"教学理念,解决学生无法触及真实、实时数字化运营互动结果的问题。

2. 在教学内容方面

实训教学内容以互联网背景下酒店收益管理为实训原理,选取虚拟建造酒店运营的产品及其组合作为数字化运营与管理的内容,有助于学生快速理解酒店产品数字化运营;将复杂的酒店数字化运营过程转化为"酒店选址—酒店筹建—酒店规划—酒店运营—数据复盘"五个阶段,有利于学生掌握酒店数字化运营与管理项目的流程化思维;建设了项目预习资源、实训操作资源、实训结果报告解读等辅助性教学内容,有利于学生对设计方案进行持续改进。

3. 在教学方式方法方面

本项目构建了"虚拟酒店+仿真数字化运营过程"实训环境,遵循学生知识能力训练由浅入深、循序渐进的教学方式：①教学方式情境化，解决了学生无法触及真实、实时数字化运营互动结果的问题；②教学内容项目化，帮助学生快速掌握酒店数字化运营核心思想和工作流程关键；③实训过程可重复，解决了学生数字化运营实践无法反复练习的问题。

4. 在开放运行方面

数字化运营过程仿真化，弥补了现有酒店数字化运营实践教学软件的缺失。本项目是信息技术与实训教学深度融合的产物，仿真了虚拟酒店数字化运营过程，极大地拓展了学生的学习资源和空间。模拟教学过程情境化，实现了线上资源实时化。基于情境化教学所建立的分组模式，形成仿真教学互动环节的小型模拟酒店市场，通过虚拟货币实现了实时互动决策过程。

5. 在评价体系方面

项目考核立体化，本实训项目实现"学生个人评价＋小组互相评价＋教师综合评价"的立体化评价方法，可收集学生理论学习、实训操作过程、实训报告的动态数据，实时反馈学生学习训练效果。项目评价机制化，整个评价体系具备系统性、公正性和可操作性，注重过程评价、动态评价，并通过校内外师生共享后的反馈，持续改进项目教学评价机制。

（八）实训教学技术架构及主要研发技术

实训教学技术架构及主要研发技术如表 8-2 所示。

表 8-2　实训教学技术架构及主要研发技术

指标	内容
系统架构图及简要说明	整个系统由下述部分组成： 学生实训端，是受训者完成整个实训过程的输入输出操作界面，为 B/S 架构的 HTML5 网页端应用软件。 学生体验端，是受训者体验商品详情页设置结果的效果展示、购买体验界面，为微信小程序应用软件。 教师管理端，是授课教师对整个系统和整个实训过程进行管理设置的操作界面，同时可以查看受训学生的实训过程并予以评分，为 B/S 架构的 HTML 网页端应用软件。 云端服务器软件模块，是整个软件的核心业务逻辑和基础数据所在，通过 RESTful API、WebSocket、消息队列等不同方式，分别为学生实训端、教师管理端提供数据驱动或流程驱动的接口功能调用服务。 整个系统软件模块采用多层、冗余架构，基于 Spring Boot 和 Spring Cloud 的微服务架构技术，严格遵循 Sun Microsystems 提出的 JSR-311 规范实现基于 RESTful API 方式实现的核心业务逻辑层，使得每个关键节点都可以通过负载均衡或双机热备的方式实现 7×24 的稳定运行，并可根据实际需求进行灵活拓展。 软件运行环境均采用开源软件系统（Linux 操作系统、Tomcat 服务器、MySQL 数据库系统、FastFDS 文档存储系统、RabbitMQ 消息服务器）

续表

指标		内容
实训教学	开发技术	☐VR ☐AR ☐MR ☐3D仿真 ☐二维动画 ☑HTML5 ☑其他（Java）
	开发工具	☐Unity ☐3D Studio Max ☐Autodesk Maya ☐ZBrush ☐SketchUp ☐Adobe Flash ☐Unreal Development Kit ☐Adobe Animate CC ☐Blender ☐Visual Studio ☑其他（IntelliJ IDEA）

任务三　华侨文化民宿数字营销虚拟仿真实训指导书

 任务描述

本任务以华侨文化民宿为例开展数字营销虚拟仿真实训。

一、实训预习部分

（一）教学目标

掌握酒店数字化营销及民宿知识点，完成实训课前教学视频学习、关键知识点测试、案例背景知识学习。

（二）教学重点

输入虚拟仿真实训项目网址（http://student.sandtable.net），进入实训平台。通过开场视频学习了解鼓浪屿华侨文化主题民宿虚拟仿真实训项目背景。完成虚拟仿真实训项目实训背景相关内容之后，点击"下一步"进入虚拟仿真实训知识预习阶段。

1. 知识点预习

进入引导页时，可在引导页选择相关知识点进行学习，也可通过视频学习进一步加深了解（见图8-1）。

在正式开始实训之前，学生可以通过"知识预习"板块，进行各阶段中各个步骤的知识点预习，为正式实训环节提供知识储备（见图8-2）。

2. 学习指引

完成预习后，进入"学习指引"（见图8-3），打开数字营销生态图（见图8-4）。

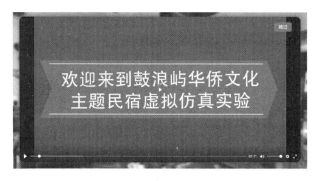

图 8-1　实训项目背景介绍视频

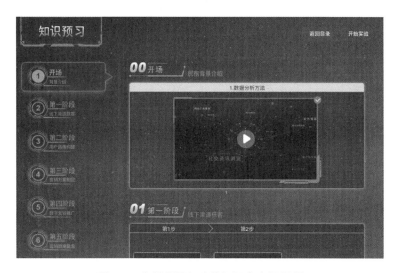

图 8-2　实训项目各阶段知识点介绍视频

图 8-3　实训项目——学习指引

图 8-4　实训项目——数字营销生态图

首先,帮助学生构建"线上+线下"全渠道数字营销生态链,并通过漏斗模型初步了解数据在获客、培育、转化及复购过程中的变化,了解数据之间的相互作用。通过对比案例中反馈的民宿情况,发现民宿存在的问题,并带着问题进入实训。

二、实训操作部分

(一)教学目标

掌握数字营销实务操作与应用能力,运用数字营销知识和分析方法对本专业领域的现象和问题进行分析和判断,提出相应的解决方案,分析项目中民宿客人的用户画像和消费行为特征,评估项目中民宿数字营销推广策略。

(二)教学重点

1. 计算潜在客流量

民宿需要通过构建私域流量,搭建用户数据中心才能顺利开展后续的数字化营销,完成数字转型。对民宿而言,稳定流量是每天到店的线下客人数量,因此,第一步需要计算得出民宿全年的潜在客流量。通过题目中提供的多个数据,筛选出计算民宿潜在客流量的有效数据,并正确计算出结果(见图 8-5)。

2. 设计关键触点

"潜在客流量"意味着不是所有的流量都能实现转化,学生需要考虑如何通过关键触点的设计,帮助民宿最大限度地连接客人,将线下流量转化为线上流量。在包括花园、前台、客房、餐厅等不同 VR 场景图中,预设多个二维码作为关键触点供客人扫码,学生需要在多个触点中判断、选择出最适合连接客人的关键触点(见图 8-6)。

3. 建立标签体系

通过 MOT 关键触点的设计,已经成功将一部分线下客人引流到线上,针对成功引流的客人需要通过用户培育了解客人的喜好,从而可以针对客人感兴趣的内容进行精

项目八　酒店数字化运营与管理虚拟仿真实训

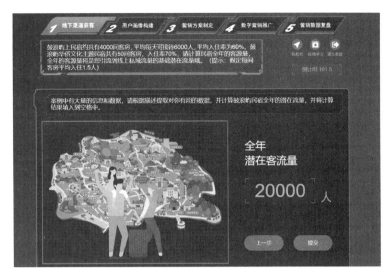

图 8-5　潜在用户流量计算

图 8-6　设计关键触点

准推送。本步骤以对人文历史及文化探索感兴趣的亲子游客人为例,需要同学们在标签人像图中找到符合这个用户分群的标签,并将标签拖动到合适的标签分类中,从而建立文化探索型亲子游客人标签体系(见图 8-7)。

4. 通过落地页完善用户画像

在构建用户画像的过程中,用户培育过程需要分析客人,并针对客人需求进行持续互动和个性化信息传递,让客人感知酒店产品和服务价值,与客人建立信任关系。用户培育的方式有很多种,店内场景可以利用触点连接客人后,给客人推送有不同营销目的的产品或信息,根据客人的点击浏览行为了解客人对什么样的产品更感兴趣,从而完善用户画像。经过了解对文化探索感兴趣的亲子游客人的用户画像后,模拟客人真实入住酒店场景,通过房内的关键触点(二维码),选择判断客人扫码后应该收到的落地页信息,通过落地页推送的信息培育用户(见图 8-8、图 8-9 和图 8-10)。

5. 问卷调研完善用户画像

连接客人之后,需要分析客人,并针对客人需求进行持续互动和个性化信息传递,让客人感知酒店产品和服务价值,与客人建立信任关系。用户培育过程中,除了通过

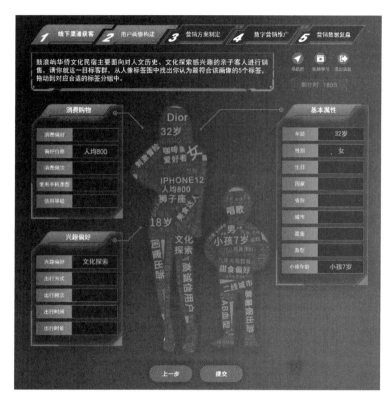

图 8-7 亲子游客人标签体系

图 8-8 选择优化用户标签体系的落地页

落地页跟踪客人浏览行为完善用户画像,还可通过精准推送调研问卷的方式了解用户信息及旅游行为偏好。模拟客人真实入住酒店场景,当客人离店后,通过给客人发送调研问卷,利用调研问题进一步完善对文化探索感兴趣的亲子游客人的用户画像(见图8-11)。学生通过选择不同的问题组成问卷调研,培育对文化探索感兴趣的亲子游客人。

图 8-9　优化用户标签体系的落地页内容展示

图 8-10　手机扫描二维码查看落地页内容

图 8-11　利用问卷调研完善用户画像

在进行完用户标签优化后,系统自动生成完整的用户画像。学生在此环节可以了解到用户画像所包含的主要内容,包括消费者的标签体系、行为属性、兴趣偏好等,以及在此前两个步骤中,通过互动操作丰富的用户画像内容,为进一步开展数字营销工作奠定了基础(见图8-12)。

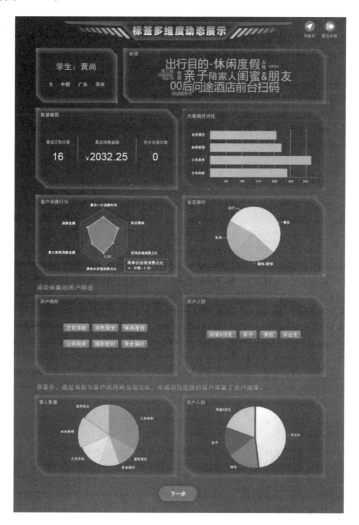

图8-12　华侨文化民宿的用户画像

6. 制定营销方案

通过步骤四、步骤五完成对文化探索感兴趣的亲子游客人有效培育后,民宿逐渐建立起自己的私域流量和用户标签体系。现在,正式开始制定数字营销方案。开始实训前,通过扫码获得虚拟币奖励,学生可以使用虚拟币进行后续营销产品的购买,体验完整的营销转化流程(见图8-13)。

针对即将到来的"五一"小长假,民宿希望给对华侨文化感兴趣的亲子游客群推送一款"两天一晚的文化探索之旅"套餐。为此,需要在公众号平台上开展一次数字营销活动,由学生进行实训步骤设计。首先,学生选择合适的客群(见图8-14)。其次,选择合适的时间和内容以及合适的方式进行信息推送(见图8-15)。最后,生成营销自动化

图 8-13　学生扫描二维码领取虚拟币

报表(见图 8-16)。

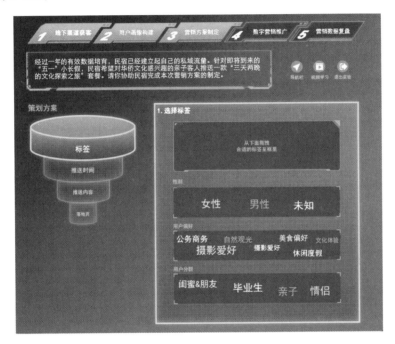

图 8-14　利用标签体系选择合适的营销群体

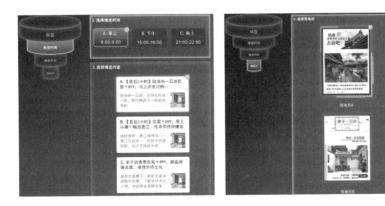

图 8-15　选择合适的时间和内容(左)以及合适的方式(右)进行信息推送

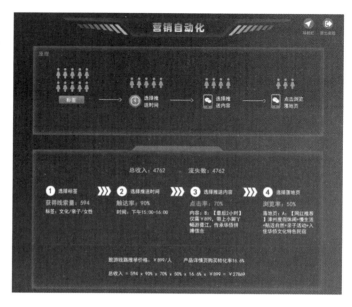

图 8-16　营销自动化报表

7. 数字营销设计

产品详情页通常由产品通栏图、产品标题与价格、产品介绍组成。页面设计是否足够有吸引力，以及页面排版是否清晰明了，是决定客人是否愿意停留浏览并完成下单转化的关键因素。与落地页相似，产品详情页同样需要遵循页面制作的五大要素，产品图片应该尽可能有吸引力，标题遵循 4U 原则，定价合理，商品介绍条理清晰，图文并茂。学生需要根据通栏图、产品标题及价格、产品介绍三个方面，从选项中选择最适合的选项，最终拼成属于自己的产品详情页。

具体来看，学生需要结合本虚拟仿真项目客群的特征，从中选择适合该客群的产品通栏图（见图 8-17）、产品标题与价格（见图 8-18）、产品内容介绍（见图 8-19），进而组成不同的产品详情页（见图 8-20）。不同的产品详情页，其内部隐含着不同的转化率。

图 8-17　产品通栏图

项目八 酒店数字化运营与管理虚拟仿真实训

图 8-18 产品标题与价格

图 8-19 产品内容介绍

8. 营销产品推广

根据上一步完成的产品详情页,通过微信扫码(见图 8-21)后可在小程序中查看完成设置的商品,点击右上角分享按钮,在班级群中进行分享,并体验通过小程序购买推广产品的过程(见图 8-22)。奖励的虚拟币最多支持 2 个产品的购买,单个产品越多人购买,收益就越高,营收排名就会越靠前。

9. 营销结果分析

营销结果分析是数字营销的重要环节之一,有助于改善营销策略,具体分为三部分:

图 8-20　产品详情页具体内容

图 8-21　扫描二维码购买推广产品

(1) A/B 测试分析(见图 8-23)。在营销推送过程中,常常会通过 A/B 测试的方式驱动业务增长。除在步骤七中协助民宿主制作的产品外,数字营销系统自动为学生生成一个新的产品页作为对照组,并将两个产品页投入了推送 A/B 测试。通过系统模拟出的 A/B 测试数据结果,进一步加深学生对数字营销推广的了解。

(2) 推广产品购买状况分析(见图 8-24)。学习了解 A/B 测试后,营销结果分析同时展示出当前学生生成产品在班级群分享的实际浏览及订购情况,并提供精准营销过程相关知识点说明。

(3) 营销成效总结分析(见图 8-25)。学生在对比上述数据和知识点后,完成个人营

项目八　酒店数字化运营与管理虚拟仿真实训

图 8-22　小程序内购买推广产品的过程

销结果分析总结。

10. 营销数据复盘

营销数据复盘是整个虚拟仿真实训的最后一个阶段,通过将学生在实训操作的全过程进行记录和反馈,帮助学生更加深刻地掌握数字营销的重要性及营销全过程。具体分为实训项目操作步骤回顾、用户数据分析、实训报告撰写三部分,内容如下。

(1)实训项目操作步骤回顾。在左侧栏中详细展示每步骤操作及参考答案,通过错

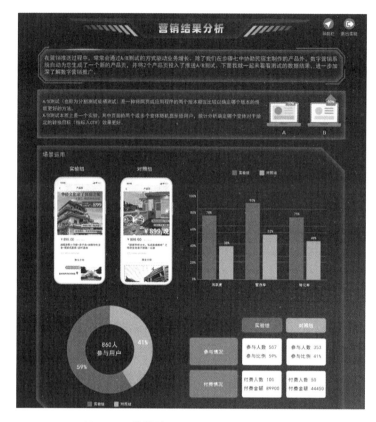

图 8-23　营销效果分析——A/B 测试分析

图 8-24　营销效果分析——购买状况分析

题及知识点的对比，了解在数据化营销过程中的不足。

（2）用户数据分析。右侧根据学生操作模拟生成：用户来源渠道统计、用户画像分析、营销自动化及 RFM 客户价值分析（见图 8-26），学生需要充分利用已学的数字营销知识，完成营销结果整体复盘，为调整营销策略提供支撑。

项目八 酒店数字化运营与管理虚拟仿真实训

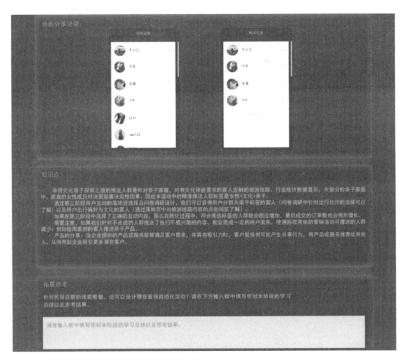

图 8-25 营销效果分析——总结分析

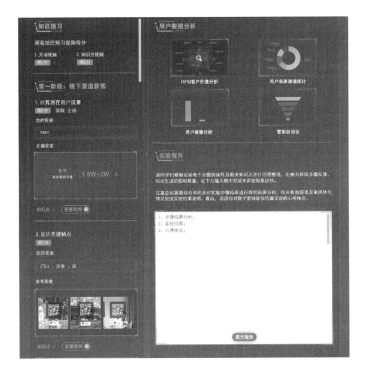

图 8-26 营销结果复盘

(3)实训报告撰写。学生根据步骤总结及报表分析,按照要求填写虚拟仿真实训报告,并对整个项目的营销成效进行分析,完成项目总结,最后下载完整的实训报告。

三、实训报告部分

(一)教学目标

完成实训报告的撰写,编制科学、合理、创新的数字营销方案。

(二)教学重点

教学重点为实训报告的撰写。实训报告由系统自动生成。学生操作完成后,实训系统自动采集学生每个步骤的相关分数,学生提交实训报告,教师在后台管理系统评价后,学生得到最终总成绩。实训报告范例如图8-27所示。

图 8-27　实训报告范例

项目小结

　　虚拟仿真的实训项目可以有效地对酒店行业进行真实模拟,对于教育教学及活化理论知识有着极为重要的帮助。通过确定主题、落地页制作、关键触点把握等环节的学习,能够有效地帮助学生实现做中学、学中做,理论指导实践,实践促进理论,可以让学生在真实的模拟环境中,深切理解酒店的数字化营销。同时,本项目中加入了二维码扫描以及营销结果复盘板块,可以让学生产生较强的沉浸式体验感,使实训项目更加贴近现实,还可以培养学生的数据思维以及数字化营销基本技能。

教学支持说明

为了改善教学效果,提高教材的使用效率,满足高校授课教师的教学需求,本套教材备有与纸质教材配套的教学课件和拓展资源。

为保证本教学课件及相关教学资料仅为教材使用者所得,我们将向使用本套教材的高校授课教师免费赠送教学课件或者相关教学资料,烦请授课教师通过邮件或加入酒店专家俱乐部QQ群等方式与我们联系,获取"电子资源申请表"文档并认真准确填写后发给我们,我们的联系方式如下:

E-mail:lyzjjlb@163.com

酒店专家俱乐部QQ群号:710568959

酒店专家俱乐部QQ群二维码:

群名称:酒店专家俱乐部
群　号:710568959

电子资源申请表

填表时间：_____年___月___日

1. 以下内容请教师按实际情况写，★为必填项。
2. 相关内容可以酌情调整提交。

★姓名		★性别	□男 □女	出生年月		★职务	
						★职称	□教授 □副教授 □讲师 □助教
★学校				★院/系			
★教研室				★专业			
★办公电话			家庭电话			★移动电话	
★E-mail（请填写清晰）						★QQ号/微信号	
★联系地址						★邮编	
★现在主授课程情况			学生人数	教材所属出版社		教材满意度	
课程一						□满意 □一般 □不满意	
课程二						□满意 □一般 □不满意	
课程三						□满意 □一般 □不满意	
其 他						□满意 □一般 □不满意	
教 材 出 版 信 息							
方向一			□准备写 □写作中 □已成稿 □已出版待修订 □有讲义				
方向二			□准备写 □写作中 □已成稿 □已出版待修订 □有讲义				
方向三			□准备写 □写作中 □已成稿 □已出版待修订 □有讲义				

请教师认真填写表格下列内容，提供索取课件配套教材的相关信息，我社根据每位教师填表信息的完整性、授课情况与索取课件的相关性，以及教材使用的情况赠送教材的配套课件及相关教学资源。

ISBN（书号）	书名	作者	索取课件简要说明	学生人数（如选作教材）
			□教学 □参考	
			□教学 □参考	

★您对与课件配套的纸质教材的意见和建议，希望提供哪些配套教学资源：